DA FUMU
GUOWAI QIYEJIA CHENGZHANGKE

大父母 ②

国外企业家成长课

赵若言◎编著

新华出版社

图书在版编目（CIP）数据

大父母. 2, 国外企业家成长课 / 赵若言编著.
——北京：新华出版社，2017.8
ISBN 978-7-5166-3425-7

Ⅰ. ①大…　Ⅱ. ①赵…　Ⅲ. ①家庭教育②企业家－生平事迹－国外
Ⅳ. ①G78　②K815.38

中国版本图书馆CIP数据核字(2017)第199501号

大父母. 2, 国外企业家成长课

编　　著：赵若言	
责任编辑：李永祥	**责任印制**：廖成华
责任校对：刘保利	**封面设计**：臻美书装

出版发行：新华出版社
地　　址：北京石景山区京原路8号　　　**邮　　编**：100040
网　　址：http://www.xinhuapub.com
经　　销：新华书店、新华出版社天猫旗舰店、京东旗舰店及各大网店
购书热线：010－63077122　　　**中国新闻书店购书热线**：010－63072012

照　　排：臻美书装
印　　刷：永清县晔盛亚胶印有限公司
成品尺寸：170mm×240mm　16开

印　　张：15	**字　　数**：195千字
版　　次：2017年8月第一版	**印　　次**：2021年1月第二次印刷
书　　号：ISBN 978-7-5166-3425-7	
定　　价：36.00元	

前　言

　　成功人士的成长经历总是惹人好奇。

　　就连比尔·盖茨，在他年少时期，都搜集了大量关于成功人士是如何获得成功的资料。

　　有太多人想要从成功人士的成长经历中探寻其成功的"密码"。而一个人的成长，总是和父母脱不开干系，因此，很多人把解锁这些"密码"的关键，押注在他们的父母身上。

　　就是因为向比尔·盖茨的父亲询问如何才能培养出世界首富的人太多，比尔·盖茨的父亲才把自己的一些心得和经验写成了《盖茨是这样培养的》一书。

　　马克·扎克伯格的父亲也说，"我有很成功的孩子们，于是人们总是想仿效我的模式。"

　　那么，究竟一个人的成功和父母有没有关系？

　　我可以很负责任地告诉你，有关系。这也是我下定决心写作这本书的初衷。

　　什么样的父母才能培养出改变世界的企业家？

　　这个问题可就不那么好回答了。

　　天下父母有千千万万种，本就没有一个统一的模板和标准，想要从中找到一个成功育儿的标准模板，并不是一件容易的事。

比如，星巴克CEO霍华德·舒尔茨来自一个蓝领家庭，母亲最担心的事情，就是父亲朝不保夕的工作，会时不时让家里断了口粮。

而比尔·盖茨来自一个几近完美的家庭，父亲是当地有名的律师，母亲在悉心照顾几个子女的同时，还投身于公共服务事业。父母在比尔·盖茨成长道路上很好地扮演了引路人的角色。

虽然好像霍华德·舒尔茨输在了起跑线上，但他依然成功了。

这其中的奥秘是什么？

为了解答这个问题，我选取了国外最顶级的，也是在全球范围内比较优秀的十位企业家，在这本书中详细讲述了他们的成长故事，其中，他们的父母是主角，父母的教育理念，以及父母与子女之间的相处之道是重点。

让我兴奋的是，在搜集资料以及写作的过程中，我从看似每对千差万别的父母中，找到了某些至关重要的共性。我认为，这些共性就是这十位企业家取得成功的关键，更重要的是，这些共性是可供借鉴的。

我认为，这就是这本书的最大价值——人们一直想要去破解的那个"密码"，我在这本书中提供了一种解密的方式。

相信等你看完这本书，一定能够或多或少从中寻找到那个你想要获得的答案。

目　录 | CONTENTS

第一章

史蒂夫·乔布斯：
两对父母共同造就的矛盾结合体

人物名片：

史蒂夫·乔布斯

1955 年 2 月 24 日生于美国加利福尼亚州旧金山，是美国发明家、企业家、美国苹果公司联合创始人。

1976 年 4 月 1 日，乔布斯签署了一份合同，决定成立一家电脑公司。如今这家公司的产品风靡全球，并创下过全球最大市值以及全球最有价值品牌两项纪录。它就是苹果公司。

乔布斯被认为是计算机业界与娱乐业界的标志性人物，他经历了苹果公司几十年的起落与兴衰，先后领导和推出了 iMax、iPod、iPhone、iPad 等风靡全球的电子产品，深刻地改变了现代通信及生活方式。乔布斯同时也是 Pixar 动画公司的前董事长及行政总裁。

2011 年 10 月 5 日，史蒂夫·乔布斯因患胰腺癌病逝，享年 56 岁。

生父：约翰·阿卜杜勒法塔赫·钱德里
生母：乔安妮·席贝尔
养父：保罗·乔布斯
养母：克拉拉·乔布斯

在公众的视野里，乔布斯无疑是一个天才。他把科技和艺术完美融合，创造出深刻改变人类生活方式的产品。

与此同时，他的性格和行为方式又与常人迥异。乔布斯是一个巨大的矛盾体——他善变，时而热情，时而冷漠；他看不上西方世界理性思维的那一套，一生都在不断追求和构建自己的无上精神世界，同时却又在商业世界取得巨大成功。

乔布斯内在的疯狂、矛盾、纠结和不同寻常，都与他的身世有着千丝万缕的联系。

乔布斯有两对父母，亲生父母和养父母。每当有人暗示他养父母不是他的真正父母时，乔布斯都会非常愤怒，一再重申，"他们百分之一千就是我的父母"。而所谓的亲生父母，在乔布斯眼中只是他的精子库和卵子库。

虽然他极力撇清与亲生父母的关系，但确又不可避免地留有两对父母的印记。这两种印记使乔布斯在内心的冲突和矛盾中成长，冲突和矛盾也体现在他的性格和日后的行为方式中。

可以说，他是两对父母共同造就的矛盾结合体。

遗弃：亲生父母的无奈之举

乔布斯的亲生父亲约翰·阿卜杜勒法塔赫·钱德里是叙利亚人，家境显赫，其父亲拥有多家炼油厂和其他多种产业，其母亲则是传统的穆斯林女性。

钱德里家里很重视教育，他在贝鲁特美国大学拿到了学士学位，然后到威斯康星大学攻读政治学博士学位。

在威斯康星大学，钱德里遇到了在那里读研究生的乔安妮·席贝尔，也就是乔布斯的亲生母亲。乔安妮来自威斯康星乡村的一个德裔家庭，父母亲生意上也颇为成功，只是乔安妮的父亲对她相当严厉——因为钱德里不是天主教徒，所以乔安妮与钱德里的恋爱遭到了其父亲的强烈反对。

但乔安妮爱得热烈，根本顾不得父亲的反对。1954 年，乔安妮跟着钱德里一起去叙利亚生活了 2 个月，等他们回到威斯康星后，乔安妮发现自己怀孕了。彼时，乔安妮和钱德里都只有 23 岁，年纪轻轻的他们并没有结婚的打算。乔安妮的父亲气急败坏。在严酷的天主教环境里，堕胎，绝对不是一个选项。

1955 年年初，乔安妮到了旧金山。她被一位专门为未婚妈妈提供庇护的医生收留，医生还会帮这些未婚妈妈们安排秘密收养。

乔安妮只提了一个要求，领养她孩子的人必须要大学毕业。这位医生把乔安妮的孩子安排给了一个律师和他的妻子，但是律师夫妇一心想要女儿，乔安妮生的男孩没能被收养。

男孩被安排给了一对蓝领夫妇——保罗·乔布斯高中的时候就退学了，而他的妻子克拉拉·乔布斯是一名记账员。他们都没大学毕业，并不符合乔安妮的要求。但当时没有更合适的人选了。无奈之下，男孩被送到保罗和克拉拉家。

乔安妮抗议了很久，孩子都被送走一段时间了，她还不愿意在同意领养的文件上签字。

最终，乔安妮妥协了，她将条件改为：必须要设立专款，保证这个孩子上大学。

乔安妮一直拖着不想签字还有另一个原因——她的父亲快去世了，她打算在父亲去世后跟钱德里结婚，一旦结婚了，她还是想把儿子要回来。

她的计划没能成功。收养程序完成后没几周，乔安妮的父亲去世了。她和钱德里也在同年底完婚。他们婚后又生了一个女儿，名叫莫娜。

选择：来自养父母平凡的爱

保罗和克拉拉为这个孩子取名为史蒂夫·乔布斯。

时间回溯到第二次世界大战结束时。保罗从海岸警卫队退役。当时的他肌肉结实，高大威猛，是个有着文身的引擎机械师。他跟战友打赌，说在两周之内就能给自己找到一个妻子。

保罗从旧金山上岸。刚一上岸，他就得到机会，与一位来自亚美尼亚移民家庭的甜美女孩约会。她就是克拉拉。有趣的是，克拉拉愿意约会，只是因为看上了保罗和他的朋友拥有一辆轿车——这恰恰是她身边的追求者们所没有的。

1946 年 3 月，在相遇仅仅 10 天后，保罗和克拉拉订婚了。保罗赢得了赌局，更可贵的是，他赢得了一生的幸福——两人共同维持了一段成功的婚姻，他们恩爱厮守了 40 多年，直至死亡将他们分开。

外表粗犷的保罗，内心却非常柔软。高中退学后，他到处做着机械方面的工作。19 岁时，他加入了海岸警卫队，参与二战，在战舰上当机械师和锅炉工，表现得不错。

克拉拉的父母为了逃离土耳其控制下的亚美尼亚来到美国，在新泽西州生下了克拉拉。童年时，克拉拉全家搬到旧金山。在遇到保罗之前，克拉拉有一段短暂的婚姻，但她的丈夫在战争中牺牲了。

经历过战争，保罗和克拉拉只想开始稳定而平静的生活。保罗靠着自己机械师的手艺，和克拉拉过着小康而富足的生活。他们渴望生儿育女，但却始终没有孩子，克拉拉由于一次宫外孕丧失了生育的能力。结婚 9 年后，保罗和克拉拉决定收养。

乔布斯一直知道自己是被收养的，保罗和克拉拉从不掩饰这一点。

在小乔布斯心里，被收养这个事实似乎一直没有什么特别的含义。直到他 6 岁的一天，乔布斯认认真真，一字一句地告诉一个同龄小女孩自己是被收养的。小女孩却大惊失色，"那你是被亲生父母抛弃了？"乔布斯被吓到了。他这才把被收养和被抛弃联系在了一起。

他马上回家问爸爸妈妈。保罗和克拉拉十分镇定。他们告诉乔布斯，你没有被抛弃，你是特别的，所以你才被我们选中，成了我们的孩子，我们是专门挑的你。

从此，乔布斯总会觉得自己是特别的。

尽管乔布斯不愿意承认，但事实上，自己是被亲生父母抛弃这件事情，还是在他心底留下了伤痕，乃至于他后来性格的形成，以及一些行为方式都与这个伤痕有关。

传承：父亲的工匠精神

保罗和克拉拉给乔布斯创造的童年是 20 世纪 50 年代后期典型的美国家庭模式。在乔布斯 2 岁的时候，保罗和克拉拉又收养了一个女儿，取名叫帕蒂。3 年之后，一家 4 口搬到郊区，保罗在帕罗奥图工作，同时还做着翻新、出售二手车的工作，一家人住在生活成本相对较低的山景城。

保罗想要把自己对机械和汽车的热爱传给儿子。他在车库的桌子上划出了一片区域，作为乔布斯的工作台。保罗对手工技艺的专注让乔布斯印象深刻。在小乔布斯眼里，爸爸很了不起，什么都会做，家里缺个柜子什么的，根本不在话下。

小乔布斯还时常跟着爸爸一起动手。乔布斯虽然很喜欢跟爸爸一起待在车库的工作室里，但已不再轻易动手了——因为他不喜欢手被弄脏的感觉，而只是单纯地喜欢和爸爸待在一起。

这些经历，使乔布斯从爸爸保罗那里学到了日后对他影响深远的一课——把一个物品的背面做好同样重要，尽管这些地方人们一般看不到。这是保罗的工匠精神，即使保罗没有如愿地把他对机械的热爱传承给乔布斯，但他身上的这种工匠精神却留下了。

每个周末，保罗都带着乔布斯来一趟拾荒之旅，他们去废品站收集一些可再利用的零件，乔布斯非常享受这样的时刻，他看着父亲在柜台那儿跟废品站老板讨价还价。由于比卖家还清楚这些零件的合理价格，所以保罗非常善于讨价还价。他经常花 50 美元买一辆已经开不动的破车，花几个星期修好它，再以几倍于成本的价格卖掉。乔布斯的大学学费就是这么赚来的。

虽然保罗希望把自己对机械的热爱传承给乔布斯，把乔布斯引入机械的大门，但他却没想到，自己为乔布斯开了另一扇窗。比起机械，乔布斯更喜欢电子。乔布斯是在与父亲一起敲敲打打那些汽车的时候接触到了电子，保罗给乔布斯展示了电子的基本原理，让乔布斯从此对电子一往情深。

不仅如此，因为乔布斯家是在硅谷地区，附近的小孩子都会受到大环境的影响——他们的爸爸大多都是研究太阳能光伏、雷达、电池这些很酷的前沿技术。乔布斯对技术也充满了兴趣，父亲虽然对机械很在行，但是对于电子却是一知半解的。所以乔布斯时不时向邻居家的大人问东问西的，以满足他的好奇心和求知欲。

父亲不是无所不能的

乔布斯有一个邻居，叫拉里·朗，是惠普的工程师，也是个超级无线电迷和电子迷。拉里经常会带一些好玩的东西给乔布斯。

有一次，拉里把一个碳精话筒、一块蓄电池和一个扬声器放在车道上，让乔布斯对着话筒说话，声音就通过扬声器放大了。但乔布斯的爸爸保罗告诉过他，话筒一定要有电子放大器才能工作，所以乔布斯很激动地跑回家中，告诉爸爸他错了。

保罗却很坚定地认为一定需要放大器，并说乔布斯疯了，因为，他根深蒂固地认为，没有放大器，声音压根就不可能被放大。

乔布斯试图不停地说服保罗，并拉着他亲眼去看，最终保罗到邻居家看到了，然后很无助地说，"我还是赶紧走吧"。

这件小事却在乔布斯心中留下了很深刻的印象，因为这是第一次，他发现了原来也有父亲不知道的事情，而且，他还发现了一件让他很不安的事情：他比自己的父母要聪明。

为什么会不安呢？自己比父母更聪明，再加上自己是被收养的，乔布斯突然察觉到一丝孤独之感，他逐渐感到自己跟父母不再是一个整体。他突然变成了一个孤独的个体，由此也脱离了父母，脱离了这个家庭，甚至也脱离了整个世界。

不久之后，他发现，原来父母都清楚，儿子比他们都聪明。他还发现，父母也因此竭尽所能地让乔布斯接受更好的教育，让这个聪明的孩子成就一番作为。

这样一来，乔布斯同时拥有了强烈的孤独感和特殊感——这样两种对自我的定位伴随了乔布斯的一生。

早慧的代价

在父亲保罗培养乔布斯对机械的爱好的时候，母亲在他还没上学时就开始教他阅读了。

保罗和克拉拉是一对慈爱的父母，他们在乔布斯很小的时候就发现了这个儿子聪明过人。虽然有时候任性到有些无理取闹，但他们选择全盘接受。

他们一心想的是，尽最大努力，为乔布斯提供尽可能好的教育。而且乔布斯越聪明，他们就越有一种责任感——尽一切可能满足乔布斯的要求。

由于乔布斯早慧，妈妈很早就教他阅读，上了小学以后，学校的课程让乔布斯觉得非常无聊。乔布斯就开始自己找乐子，他当时的乐趣就是恶作剧。

他在学校进行过各式各样的闹剧，他上到小学三年级，就被老师送回家两三次。保罗却很平静，因为他老早就把乔布斯当作特殊的孩子来看待了，他尽力向学校去阐述乔布斯的特别之处，希望学校也能像他一样来对待乔布斯。保罗认为，乔布斯在学校整的那些闹剧不是乔布斯的错，而是因为学校的老师和课堂上讲述的那些内容无法引起乔布斯的兴趣，既然无法引起乔布斯的兴趣，那就是学校的错。

保罗和克拉拉从来没有因为乔布斯在学校犯的这些错误而责怪他，虽然保罗是在他爸爸的棍棒下长大的，但内心柔软的保罗却用了他觉得更利于乔布斯成长的方式去培养他。在保罗看来，学校让乔布斯死记硬背会泯灭他的天性。的确，从上小学开始，乔布斯就开始展现出他性格中的多面性，时而极度敏感，时而又极度迟钝，时而易怒，时而又十分超然物外，这样的状态伴随了乔布斯一生。

升入四年级以后，乔布斯遇见了一个懂得他特别之处的老师。他在学校的状态好了很多。这个被乔布斯称为"生命中的圣人之一"的女老师叫伊莫金·希尔，她在观察了乔布斯一段时间之后，找到了对付乔布斯的方法。她会给乔布斯一本练习册，里面都是数学题，让乔布斯拿回家做，就在乔布斯觉得这个人疯了的时候，她会拿出一个超级大的棒棒糖，告诉乔布斯，如果你做完了，我就把棒棒糖给你，再给你5美元。这一招果然奏效，不到两天，乔布斯就做完了。而且，后来，乔布斯由于很喜欢伊莫金老师，就不再要奖励了，他只想让她高兴。

伊莫金对乔布斯的帮助的确很大，她会经常给乔布斯一些小玩意儿，让他自己动手去做一些东西，乔布斯觉得伊莫金是跟他父母一样，真正看到了他的与众不同的人。

四年级快结束的时候，伊莫金还给乔布斯做了测试，乔布斯的得分达到了初中二年级的水平，学校允许乔布斯连跳两级，直接升到初中二年级，但是了解乔布斯的父母却决定，只让乔布斯跳一级，因为乔布斯本来就不是很合群，突然让他到一群比自己大的孩子中间，他会很不适应。

乔布斯父母担心的事情还是发生了，因为乔布斯读初一所在的那个学校充斥着少数族裔帮派，乔布斯总是受欺负，初二上到一半的时候，乔布斯再也受不了了，坚决要转学到另一个学校去，不然就不上学了。

虽然那时候整个家刚刚能够收支平衡，为乔布斯换学校对保罗和克拉拉来说是个巨大的挑战，但是他们还是一如既往地满足了乔布斯的要求，他们打探了一下哪里的学校最好，然后倾尽所有，在一个更好的地区花了2万多美元买了一栋房子。

这栋房子位于库比蒂诺－森尼韦尔学区内，是硅谷最安全也是最好的学区之一，他们家的这栋房子周围全是杏树。在这里，乔布斯还遇见了一个对种植追求完美的邻居，这个邻居种出来的蔬果是乔布斯吃过的最好吃的，他也由此爱上了有机蔬菜和水果。

在电子领域牛刀小试

初中三年级，乔布斯去了家园中学。他没有什么同龄的朋友，却跟几个沉浸在20世纪60年代晚期反主流文化浪潮中的高年级学生厮混在一起。此时的乔布斯，对数学、科学还有电子学感兴趣，他依然像读小学时一样爱恶作剧，只不过，现在他的恶作剧都会用到电子设备了。

他在家里连接了好几个扬声器，把扬声器当麦克风使，可以偷听其他房间的声音。有一次，他正戴着耳机偷听父母房间的声音，被父亲发现了，勒令他拆除了整套系统。

他还是频繁地造访他以前的邻居拉里·朗，拉里也终于把乔布斯一直心心念念的碳精送给了他。那个时候，他迷上了希斯工具盒，就是在当时很受欢迎的用来做无线电设备活期电子设备的工具盒。当然，需要自己组装。乔布斯通过希斯工具盒搞懂一切无线电原理，他觉得自己非常幸运，他的父亲和希斯工具盒让他坚信，他能够做出任何东西。

拉里还让乔布斯加入了惠普探索者俱乐部，把乔布斯带入了一个他所热爱的世界。这个俱乐部每周在惠普公司举行一次聚会，会有一个惠普实验室的工程师来向 15 个学生讲述他们正在研究的东西。乔布斯的爸爸每周都会送他去参加，那儿简直就成了乔布斯的天堂。

探索俱乐部的学生们被鼓励自己动手做一些项目，乔布斯决定做一台频率计数器，用来测量一个电子信号中每秒钟的脉冲数量。他需要一些惠普制造的零件，于是他就直接打电话给惠普的 CEO 了。因为那个时候每个人的电话号码都是登记在册的，他把电话拨给了住在帕洛奥图的比尔·休利特，并跟比尔聊了 20 分钟。结果，他不仅要到了零件，还得到了在惠普制造频率计数器的工厂工作的机会。

于是乔布斯在惠普工作了一个暑假。他的工作其实很简单，就是在流水线上安装基本元件，但是他却利用每天公司给工程师们供应甜点和咖啡的时候，跟工程师们待在一起。

乔布斯一边在电子的世界徜徉，一边打工赚钱。他喜欢工作，而且从事的都是跟电子相关的工作，所以热情洋溢。跟保罗一样，乔布斯也热衷于在各种电子设备的交易市场里"淘宝"，而且从小受到了父亲的熏陶，他也耳濡目染学会了父亲的讨价还价技巧。这些都帮助他深入了解各类电子元件。

总之，乔布斯初中的最后一年和刚上高中那会儿的所有假期，都用来从事跟电子有关的事情，俱乐部也好，打工也好，做着自己喜欢的事情。他从中得到了很多快乐，也为他的未来打下了基础。

就在此时，乔布斯利用自己和朋友沃兹尼亚克一起发明创造的本来用来恶作剧的电子物件，赚到了第一桶金。

这是一个被乔布斯和沃兹尼亚克称为蓝盒子的东西，他们一开始是用它来恶作剧。通过蓝盒子，可以给世界上的任何一个地方拨打免费电话，他们曾用蓝盒子打电话到梵蒂冈，要求跟教皇通话。

慢慢地，乔布斯觉得，蓝盒子不能只停留在恶作剧阶段了，他要用蓝盒子来赚钱。他把制作蓝盒子的零件都集中起来，计算出零件成本，大概是 40 美元，然后，他为蓝盒子定价为 150 美元一台。他和沃兹尼亚克挨个敲宿舍的门，现场演示并出售，他们总共做了 100 台蓝盒子，几乎都卖出去了。

这其实是一个里程碑。乔布斯不止一次表示过，如果没有蓝盒子，就不会有后来的苹果公司。乔布斯在蓝盒子从创想到实现再到创造价值获得利润这整个过程中所扮演的角色，就是日后他将在苹果公司扮演的角色。

蓝盒子的成功让他收获了巨大的信心——原来他的发明是具有巨大价值的，是可以赚钱的。

乔布斯还跟沃兹尼亚克学会了如何合作。沃兹尼亚克有技术，以发明创造为乐。而乔布斯把发明变得更具实用性，然后通过包装，推向市场赚钱。真是完美的合作伙伴。

高中的最后两年，乔布斯的心智成熟得很快，除了做着跟电子有关的各种事情，他还开始沉浸在音乐的世界里，疯狂热爱鲍勃·迪伦，也开始阅读大量的科技以外的书籍，尤其迷上了东方禅宗，这对乔布斯心性的形成和日后创造出来的产品也有着很大的裨益。

大学：从最初坚持要去到选择退学

上了高中的乔布斯，也跟他身边的那些大朋友一样，开始尝试迷幻药，并因此跟父亲保罗发生了第一次严重的冲突。

父亲在他的车里发现了一些大麻。

"这是什么？"父亲保罗问。

"大麻。"乔布斯很平静。

保罗暴怒，勒令乔布斯以后不能再抽大麻了，但乔布斯不答应。他第一次正儿八经跟保罗起了冲突，最后，保罗又一次向乔布斯妥协了。

从那以后，乔布斯经常抽大麻，还使用迷幻药。

1972 年，当乔布斯快要从家园中学毕业的时候，他开始和一个叫克里斯安·布伦南的女孩交往，这也是乔布斯第一个正式的女朋友。在布伦南的眼里，乔布斯是疯狂的，是冷漠和激情的矛盾体，时而特别冷静，时而疯疯癫癫，长发披肩，像个巫师。也正是这种疯狂吸引了布伦南。

也是从那个时候开始，乔布斯开始了他坚持了一生的素食主义，只吃有机水果和蔬菜。但同时，他也开始大量服用迷幻药，还在高中毕业的暑假，不顾父母的反对，跑到一个山上的小屋跟布伦南同居。

那段时期的乔布斯，极为任性、叛逆，而这样一种任性和叛逆，也体现在了他对大学的选择上。

保罗和克拉拉一直遵守着 17 年前领养乔布斯时与他亲生母亲的约定，他们勤恳工作，省吃俭用，为乔布斯积攒着上大学所用的专项款，虽然不多，但是足够了。

但是那个时候的乔布斯是不会体会父母的心情的，他不选择学费更加优惠的州立大学比如伯克利，而是偏偏要选择学费高昂的里德学院，里德学院是俄勒冈州波特兰市的一所私立学校，是全美国最贵的大学之一。

当然，这也不是乔布斯自私，只是他认为，只有里德学院才是他想要的，里德学院以自由精神和嬉皮士生活方式著称，但同时，学校也有一套严格的学术标准和核心课程，迷幻启蒙大师曾经来到里德学院，高呼"打开心扉、自问心源、脱离尘世"，许多里德学院的学生自此把这三条奉为人生信条。在当时的乔布斯看来，只有里德学院是适合自己的。

乔布斯的父母劝说他不要选择里德学院，因为如此高昂的学费是他们无法承受的，但是乔布斯又一次让父母妥协了，他说如果不能去里德学院，他就不上大学了。

1972 年的秋天，乔布斯要去里德学院上大学了，而那时任性到了极点的乔布斯，即使父母都已经开车送他到了波特兰，他却坚持不让父母送他进校门，他渴望给别人营造出一种他没有父母、没有家庭，就是那么无依无靠、没有根脉的一个人。

到了里德学院，整个大学的校园环境也有了转变，越战的逐渐平息，使得校园中的政治热潮也慢慢退去，取而代之的，大学生们开始探讨的都是如何自我实现。

乔布斯则继续迷恋鲍勃·迪伦、禅宗和迷幻药。他对于禅宗的追求尤甚。似乎禅宗本身就是他性格中根深蒂固的一部分。

乔布斯很快就厌倦了在里德学院的生活。他发现，里德学院虽然有着嬉皮士的生活方式，但不是绝对自由的，他还是被逼着上那些他毫无兴趣的必修课。

他越来越觉得是在浪费父母的钱，他开始产生愧疚感，他觉得父母是工薪阶层，毕生的积蓄都用来支付他的大学学费了，而他能从大学教育中获得的东西根本不值那么多钱。

　　乔布斯就这样毅然退学了，他觉得就算不上这个大学了，他的未来也不会因此受到什么不好的影响。

　　但他也不是完全离开里德学院了，他只是不再交学费，而神奇的是，里德学院竟然默许了他的这种行为，他还可以住在学校的宿舍里，去听自己想听的课程。他上了一些自己感兴趣的课，比如艺术、舞蹈，还有书法等。

　　书法课尤其让他着迷。他看见学校里张贴的海报，觉得字体特别漂亮，才发现这门课程。课上，他学到了各种字体，以及如何在不同的字母组合之间调整间距，以及怎样做出完美的版面设计，这其中所蕴含的艺术的美，是科学所无法做到的，让乔布斯很陶醉。

　　这也再一次证明，艺术和科技都在吸引着乔布斯，他也总是置身在艺术和科技的交汇处。这样的交汇和融合，造就了一个与众不同的他，也让他未来造就出了与众不同的产品。

　　在里德学院的这段游走在边缘的日子，乔布斯过得很自在，而且他的精力也都放在对自己心灵和觉悟的追求上了。除了禅宗以外，他一直觉得迷幻药也给予了他很多启发。乔布斯称，迷幻药让他更加清楚了什么是最重要的，那就是创造伟大的发明，而不是赚钱，他想要为这个世界创造一些伟大的产品，并且在历史的长河中留下一些东西。

印度之旅：为了填补内心空洞的探寻

　　1974年年初，在里德学院待了18个月后，乔布斯回家了。

　　乔布斯决定找一份工作，因为他想要赚钱，然后在夏天到来的时候，去印度。

　　去印度对乔布斯而言是一次严肃的探寻，他想要知道自己到底是个什么样的人，该怎样融入这个世界。乔布斯的朋友还认为，乔布斯之所以会进行这样一场探寻，有一部分原因是因为他不知道自己的亲生父母是谁，他心里有一个洞，有一块未知的领域，他想要把洞补上。

乔布斯去印度了，并在那里待了 7 个月。

在印度期间，他只零星地给父母写过几封信，所以当他到了美国奥克兰，打电话给父亲让他们去接他的时候，父母很是惊讶。

他们立刻从家里出发了。但是到了机场，乔布斯却差点让他们认不出来了。剃了头发，皮肤晒得又黑又红，穿一件印度长棉袍子。乔布斯就坐在那里，看着父母从他面前来来回回过了 5 次，母亲终于试探性地问他："史蒂夫？"他说了句："嗨！"

乔布斯去印度的这场探寻之旅，并不是一个 19 岁年轻人的一时冲动，他对禅宗的热情是贯穿一生的。

回到了家的乔布斯依然继续在探寻自我。他还在他家附近找到了一位导师，乙川弘文。乔布斯每天都和乙川弘文见面，一起冥想、静修。乔布斯与乙川弘文的交情是十分深厚并持久的，17 年后，乙川弘文还主持了乔布斯的婚礼。

乔布斯还开始尝试尖叫疗法，这是一种比较极端的自我探寻的治疗方法。与他这段时间一直在一起参加这些禅宗课程的朋友们说，乔布斯告诉过他们，他之所以要接受治疗是因为自己被亲生父母抛弃的事情一直困扰着他。他非常想了解自己的亲生父母，从而可以更好地了解自己。他自己意识到了这一点，所以想要把精力都集中到这上面来，通过治疗，让自己释怀。甚至，当时的他，对于亲生父母抛弃自己感到非常愤怒。

后来，乔布斯认为尖叫疗法没有什么作用，就不再进行了。但是，通过这段时间的探寻，乔布斯还是或多或少得到了一定程度上的心灵的平静。至少他的朋友们觉得他平静了很多，而且越来越自信，他还会把自己的自信施予他身边的人，并用自己的自信影响他们。

如果他相信你能做成这件事，你就一定能做成这件事。如果他认为某件事情应该发生，那他就会尽力让其发生。这是被乔布斯的朋友所认为的一种魔力——现实扭曲力场。这种力量在乔布斯日后带领团队的时候也得以充分发挥，并往往起到了至关重要的作用。

在车库诞生的苹果公司

在乔布斯的成长过程中，保罗和克拉拉给予了他充分的理解和包容。

他们俩本来就是一对很慈爱的父母，再加上发现了乔布斯是一个不同寻常的孩子，就更加具有一种使命感和责任感，想让乔布斯更好地成长，不能埋没他的天性。在物质生活上，他们尽一切可能去满足乔布斯，让他去接受好的教育，不惜花重金、冒大险。在精神生活上，他们也想要给乔布斯他们所能给予的最好的东西。保罗想要把自己对于机械的热爱和天赋毫无保留地授予乔布斯，克拉拉则从母亲的角度给予乔布斯精神上的关爱。

但是，当他们无论在精神还是物质上不能满足乔布斯的时候，他们会选择理解和包容，并尽一切可能去支持乔布斯作出的所有选择和决定。

在乔布斯阶段性地结束了对自己内心的探寻之后，他与父母生活在一起，过了一段比较稳定的生活。他早上起来冥想，然后去斯坦福大学旁听物理学课程，晚上去工作，并且还梦想着开创自己的事业。

很快，他的事业就真正起步了。

众所周知，1976 年 4 月，乔布斯和他的合伙人创立的苹果公司诞生了，并且就诞生在乔布斯父母家的车库里。

父母又一次成为无条件的支持者。父亲保罗不再进行修理旧车的副业，把整个车库让给了乔布斯和他的小伙伴。母亲也从不介意家里总有乔布斯的合伙人进进出出，不介意家里被一大堆零件和客人占据着。她只是对乔布斯的饮食方式提出了抗议。希望他能吃得更好，更健康一些。

由于很快地找到了第一个卖家，苹果公司在诞生 30 天之后，就已经接近盈利状态了。乔布斯随即雇用了兼职记账员，想办法把他支票簿上的数目移入总账。为了让苹果看上去更像一家正规公司，乔布斯还租用了接听电话服务，所有留言都会被转给他母亲。

就在 1976 年 7 月的《界面》杂志上出现了苹果公司的产品时，乔布斯和朋友们还正在家动手组装机器呢，但文章中给乔布斯冠以市场总监的称号，让苹果听上去像个真正的公司了。尽管这本面向电子业余爱好者的杂志现在已经停刊，但它却在推动苹果公司发展上，起到了一定的作用。

苹果就这样渐成气候

在乔布斯的合伙人看来，苹果能够这么快步入正轨，除了乔布斯对创新和科技的把控外，还离不开乔布斯身上所具有的一种企业家气质。举例而言，在乔布斯和他的合伙人制造出了 Apple I 的时候，合伙人想要以成本价出售，但乔布斯坚持要设定一个零售价，差不多是成本的三倍，乔布斯就是想要利用自己创造出来的产品好好赚上一笔，他也自信地认为，自己创造出来的产品值这样的价格。果然，Apple I 的售价达到 666.66 美元。有趣的是，2010 年时，一台原版 Apple I 在拍卖中则以 213000 美元的价格售出。这种企业家所具有的野心和该出手时就出手的果断，是乔布斯带领苹果公司获得成功的最重要原因之一。

光有技术还不够，还得会做生意。而这做生意的本领，一方面估计是基因的遗传，乔布斯的亲生父亲是犹太人，而且生父所在的家庭是生意世家；另一方面，则是从小受到养父保罗的言传身教，那一次次的周末拾荒之旅和与废品站老板的讨价还价，也在潜移默化中造就了乔布斯的商业头脑。

生命轮回的巧合

乔布斯在里德学院的时候，还一直跟布伦南，也就是他在家园高中交的第一个正式的女朋友有着断断续续的联系，只是，乔布斯更加关注自己，没有在布伦南身上花费多少心思。

他与布伦南这样时好时坏的关系持续了很多年。布伦南说，她和乔布斯不知道怎么在一起，也不知道怎么分开。一直到他们俩23岁的时候，布伦南怀孕了，并为乔布斯生了一个女儿。

这是一个奇妙的巧合。乔布斯的亲生父母，也是在23岁生下了乔布斯。

23岁的乔布斯，在面对布伦南和他们的女儿的时候，表现得很不成熟。在他刚得知布伦南怀孕的时候，他对此毫不关心。只要他的注意力没有在这件事情上，那他就可以完全忽略。当有人问起乔布斯的时候，乔布斯会说，他不知道自己是孩子的父亲，因为布伦南不止和他一个人发生关系，他们两个也没有在交往。总之，那个时候的乔布斯，完全不愿意去承担这份当父亲的责任，所以他索性忽视。

结婚自然也不会考虑，因为乔布斯确定布伦南不是他想要的人，他们不合适。乔布斯还希望布伦南堕胎，但也没有强迫她一定要这么做。布伦南决定留下孩子。有意思的是，可能是由于自己的身世，乔布斯强烈反对把孩子送给他人抚养，布伦南如果打算生下孩子，就必须自己养。

1978年5月18日，布伦南生了个女儿。三天后，乔布斯去看望了她们并给女儿取名为丽萨·布伦南，没有随乔布斯姓，然后乔布斯就回去上班了。

布伦南和丽萨搬到一户人家后面又小又破落的房子里。布伦南觉得自已没有能力打赢官司争取抚养费，所以就靠政府救济金度日。后来，乔布斯被当地政府起诉，试图让乔布斯承担抚养费。一开始，乔布斯想把官司打到底，他的律师甚至想让当时跟乔布斯同住的人做证，从没有见过乔布斯和布伦南发生关系，律师们还在搜集布伦南跟别的男人发生关系的证据。布伦南回忆说，"乔布斯试图让我带着孩子出现在法庭上，然后证明我是个荡妇，任何人都可能是孩子的父亲"。

一年后，很意外地，乔布斯突然同意进行亲子鉴定，这令布伦南很惊讶。大概是因为苹果公司就要上市，他需要在苹果上市之前处理好这件事。DNA 结果显示，亲子关系的可能性是 94.41%。加州法院判决乔布斯每月支付 385 美元，签署协议承认亲子关系，并偿还 5856 美元的政府救济金。乔布斯还享有探视权，但他在很长一段时间里都没有行使过这项权利。

这场官司过后，乔布斯成熟了一些，他戒掉了迷幻药，不再奉行严格的素食主义，也减少了在禅修上花的时间。乔布斯还开始剪时尚的发型，定制衬衫和西装，还谈起了正式的恋爱。

在丽萨 3 岁时，乔布斯竟会时不时跑去母女俩的住处看望女儿，在对待女儿的态度上，他也是一如既往地时而热情、时而冷漠。

多年以后，乔布斯希望自己当年能以一种更好的方式处理那件事。他一直支付丽萨抚养费到她 18 岁，还给了布伦南一笔钱，为她们母女安顿了住处，让布伦南送丽萨去最好的学校。乔布斯在努力把事情做好，而且他说，如果能够再来一次，他肯定会做得更好。

而当乔布斯知道了自己的亲生父母也是在 23 岁的时候生下他时，他不认为自己传承了他亲生父母那般逃避责任的行事方式，但这样一个巧合的确也让他感到非常震惊。

两对父母造就的完美矛盾体

　　乔布斯的传奇是硅谷创新神话的典型代表——他在父母的车库里创办了一家公司，并把它打造成了全球最有价值的公司。他用大师级的手法把艺术和科技融合在一起，开创了未来，创造出了颠覆产业和行业，并深刻改变人类生活方式的产品。乔布斯既能够统揽全局，又能够把握细节。乔布斯能够成为这样一个完美的矛盾体，一定程度上源自他的两对父母。

　　虽然乔布斯声称自己的亲生父母只是自己的精子库和卵子库，但是他的亲生父母的确在很长一段时间内，给乔布斯造成了不小的困扰，他们对于乔布斯的影响，不仅仅是基因的传承，还有很多精神上的间接影响。被亲生父母抛弃一直是乔布斯心灵上的一个空洞，他多年来迷恋禅修，就是为了填补心中的这个空洞。而他在禅修中得到的灵性上的东西，他在禅修中不断寻找的自我，其实就是亲生父母带给他和他生活的间接影响。

　　养育了乔布斯的父母——保罗和克拉拉也在每天的日常生活中影响着乔布斯，造就着乔布斯。特别是保罗，乔布斯从小跟他泡在工作室里，保罗渴望把他对机械的喜爱和才华传授给乔布斯。乔布斯虽然不喜欢机械，但是却通过机械，认识了电子，并喜欢上了电子。

　　也是保罗的言传身教，让乔布斯认识到细节的重要性。保罗曾经教导过乔布斯，追求完美意味着即是别人看不见的地方，对其工艺也必须尽心尽力，他把这一理念应用在他的一代一代的苹果产品上。

　　一个周日的早上，乔布斯还专门把保罗带到了自己的苹果工厂。保罗一向很讲究，不仅对自己的工艺要求很严格，就连工具也要摆放整齐。乔布斯很骄傲地向父亲展示，自己也能做到这样。乔布斯向父亲介绍了工厂的运作方式，保罗很赞赏，他甚至触摸了每一样东西，因为每一样东西看起来都是那么干净并完美。保罗非常喜欢苹果工厂，乔布斯则在旁目不转睛地注视着保罗的一举一动，享受着父亲对自己所创造出来的这一切的赞赏。

还有一点，乔布斯也和保罗一样，那就是他在和供应商讨价还价的时候态度是十分坚定的，但他不允许对利润的追求凌驾于他对制造伟大产品的狂热之上。

这种制造伟大产品的狂热从何而来？

也许，是源自内心的某种不安全感。

当乔布斯在小时候第一次知道自己是被亲生父母抛弃的时候，他崩溃了，但是保罗和克拉拉也坚定地告诉他，你是被我们选择了，因为你特别。被抛弃、被选择、与众不同——这些概念成了乔布斯的一部分，也影响了他对自己的看法。

他想完全掌握自己制造的每一样东西的那种强烈欲望，很大程度上来源于他刚出生就被抛弃这件事。因为控制不了自己的身世，他就想控制外界环境，而且把产品看作自己的一种延伸。

被亲生父母抛弃，造就了他独立的性格。虽然很爱保罗和克拉拉，但他感觉到了自己与他们的不同，他认为自己遗世独立，所以他遵循着另外一套行为方式——也许是基因里遗传的亲生父母的生活方式？这个不得而知，但是，他的确生活在自己的小世界里，一个与他的生长环境截然不同的世界。

两对父母、两个世界、两种行为方式，这就是乔布斯，一个完美的矛盾体。

第二章

埃隆·马斯克：
以冒险和创新为标配的家族

人物名片：

埃隆·马斯克

1971 年 6 月 28 日出生于南非，18 岁时移民加拿大，PayPal 贝宝（最大的网上支付公司）的联合创始人，现拥有 SpaceX 太空探索技术公司、环保电动汽车公司 Tesla（Tesla）以及 SolarCity 太阳能城三家公司。

父亲：埃罗尔·马斯克
母亲：梅耶·马斯克

北京时间 2016 年 4 月 9 日凌晨 4 时 52 分，马斯克旗下公司美国 SpaceX 公司终于成功在大西洋上回收猎鹰 9 号一级火箭，这也是人类历史上首次在海上实现火箭回收。

这绝对是埃隆·马斯克提前收到的一份最好的生日礼物。两个月后的 6 月 28 日，埃隆·马斯克年满 45 岁。

在这 45 年中，他成功地把自己从南非人变成美国人；成功地设计并卖出一款视频游戏，即便当时他只有 12 岁；获得了两个学士学位；参与设计并卖出网络时代第一个内容发布平台；担任美国最大的私人太阳能供应商 SolarCity 的董事长；参与创立和投资 PayPal，世界最大的网络支付平台；参与设计能把飞行器送上空间站的新型火箭，价格全世界最低，研发时间全世界最短，开启了太空运载的私人运营时代；投资创立的汽车公司，成功量产了世界上第一辆能在 3 秒内从 0 加速到 60 英里的电动跑车。

埃隆·马斯克是一个不折不扣的冒险家。但他更是一个伟大的冒险家，因为他的每次冒险都关乎全人类的福祉。

这个世界面临的真正问题是什么？哪些会影响到人类的未来？上大学时马斯克脑海里常装着这样的问题。他看好互联网、可再生能源和空间探索。后来他依次进入了这三个领域，并给业界依次扔下 PayPal，Tesla 电动车和 SpaceX 三个重磅炸弹。

与埃隆·马斯克一样，他的妈妈也同样是一位充满着冒险精神的奇女子。从他们的行为看，马斯克的冒险和创新基因彻彻底底地遗传自他的母亲。而埃隆·马斯克的父亲，则是一位优秀的工程师。有意思的是，埃隆·马斯克也一直将自己定位为工程师。不管创办了多少家公司，取得了多大的成就，马斯克始终觉得自己是名工程师，他也一直习惯于从工程师的视角来看待和理解世界。

可见，父母对埃隆·马斯克的影响不容小觑。

在南非长大的时光

埃隆·马斯克 1971 年出生于南非，在比勒陀利亚长大。

比勒陀利亚是南非东北部的一个大城市，距离约翰内斯堡只有一个小时的车程。马斯克家族在当地是一个富裕的白人家族，生活起居都由一队黑人管家悉心照料。

作为一个小男孩，埃隆最让人印象深刻的就是，他对读书的如饥似渴。从很小的时候开始，他就书不离手。每天读上 10 个小时的书，更是家常便饭。全家人外出购物的时候，如果发现埃隆不见了，那去最近的书店找他准没错，绝对一找一个准儿。

随着年龄的增长，埃隆的阅读领域从小说和漫画，逐步扩充为非小说类书籍。大概在小学三四年级的时候，他把学校以及邻近图书馆的书都看完了，他还劝说图书馆员帮他订更多的书。

而且马斯克的记忆力惊人。小小年纪的他就已经将两套百科全书烂熟于心了，但这对于他交朋友没有一点好处。由于拥有过目不忘的记忆力，小埃隆·马斯克脑海中的百科全书让他总是表现出一副无所不知的样子。比如，一天晚上，埃隆正和一群小朋友一起玩耍，其中一个小朋友害怕黑暗，埃隆就会说："黑暗只是因为没有光线而已。"这显然无法安慰那个吓坏了的孩子。作为一个孩子，埃隆这种老是去纠正别人错误的学究气让小伙伴们纷纷表示，"埃隆，我不跟你玩了"。就连埃隆的弟弟金巴尔都会跟妈妈梅耶抱怨："妈妈，他很无趣。"因此，埃隆在学校总是独处。

埃隆第一次出现在公众视野是在他 12 岁那一年，南非一本名叫《个人计算机和办公技术》的刊物发表了马斯克设计的一款游戏源代码。这款游戏名为"炸弹"，灵感来源于科幻小说的太空场景，需要运行 167 行代码。

虽然马斯克的这款游戏在计算机界并不算绝对的出类拔萃，但还是远超12岁小孩子的水平。

从那个时候开始，埃隆·马斯克的脑海里就存在着一个太空世界。可能是因为看了太多的漫画，在漫画里，英雄必须要拯救世界，让世界变得更美好。这让小埃隆·马斯克有点分不清现实和幻想了，在现实世界中，他也有了要当英雄的情结。

创业者妈妈

埃隆·马斯克的妈妈梅耶·马斯克出生在加拿大，成长于南非的比勒陀利亚。少年时期，梅耶被认为是一个书呆子，她喜欢科学和数学，学习成绩非常好。但是15岁时，梅耶出落成了一个亭亭玉立的少女，高挑瘦削的身材，金色的头发，还有高高的颧骨，她在人群中开始变得引人注目。那个时候，她妈妈的朋友经营一所模特学校，梅耶在那里上过一些课程，到了周末，她便四处走秀、给杂志当模特，她还入围了南非小姐评选大赛的决赛。

从比勒陀利亚大学学习营养学毕业后，22岁的她嫁给了工程师埃罗尔·马斯克，也就是埃隆·马斯克的爸爸，婚后三年生了三个孩子。

然后她成立了一家咨询公司，这样可以有灵活的工作时间方便照顾孩子们。

梅耶的三个孩子，埃隆、金巴尔还有托斯卡相处得很好，但是每个孩子都有属于自己的性格缺陷。梅耶说埃隆特别内向，有时候她甚至觉得这孩子会不会是聋子。他在学校总被人欺负。她就安慰儿子说，妈妈小时候在学校也是总被人欺负的，那时候都是她的双胞胎姐姐在保护着她。

梅耶很快发现，埃隆不爱说话仅仅是因为他一直在思考。

在埃隆不到 10 岁时，梅耶和埃罗尔离婚了。之后，两个儿子平时跟爸爸过，周末跟妈妈过，梅耶说她的生活就是围绕着孩子们。"如果他们有体育活动，或者任何活动，我一定去支持他们"。与此同时，梅耶把营养师的生意也发展起来了。

怪脾气父亲

在父亲埃罗尔·马斯克看来，埃隆一直是一个内向的思考者。所以每当大家一起去别人家聚会，玩得非常高兴，大家开怀畅饮，对各种体育赛事无所不谈时，你会发现埃隆已经找到了主人家的藏书室，正在翻阅他们的书籍。埃罗尔说，他会在书中找到乐趣，不过他偶尔也会参加聚会的。

埃罗尔曾对媒体表示："埃隆年少时提出的某些想法总是令人感到惊讶。当他还很小时，大约 3 岁或 4 岁吧，他会问我'整个世界在哪里？'就是这类问题让我意识到，埃隆有些与众不同。"

埃罗尔永远不会忘记埃隆首次进入网络空间和计算机世界时的情景。

"当电脑刚出来时，埃隆说他想报班学习使用这种新电脑。这些课程邀请了英格兰和全球各地的专家。当我咨询时，他们告诉我不接收小孩。但是埃隆坚持要去，当时他只有 11 岁。"埃罗尔称。

埃罗尔设法花钱为埃隆在约翰内斯堡金山大学举行的讲座上订了一个座位。"他就去了，他们告诉我，埃隆必须坐在边上，保持安静。他必须着装得体，当时他还只是在上小学。我随后离开了埃隆，与金巴尔一起去吃汉堡。这场讲座持续了三个小时，当我们回去时，所有人都出来了，但没看到埃隆。"

"我们等了又等，最终进到了金山大学阴森的大厅，找到了讲堂，发现埃隆的西装和领带已经脱掉，衬衫袖子卷起，穿着一条法兰绒长裤。当时只有 1.2 米个头的埃隆正和来自英格兰的专家们高谈阔论。"

"当我走到他们跟前时，一位甚至不愿多花一点时间介绍自己的教授说，这孩子需要一台电脑进行上机操作。于是，我们就买了一台电脑，谢天谢地还享受了一点折扣。他就利用这台电脑自学编程。"

"上世纪 80 年代中期，我记得埃隆拿给我看过一个上面有红灯的盒子。他说那是一个调制解调器，有了它，电脑之间就能进行对话。如果一台电脑联上了网，我就可以与另外一台在英格兰的电脑进行对话，向它发问。他始终紧跟潮流。"

在小埃隆·马斯克探索对科技和计算机的兴趣方面，这位工程师父亲功不可没。

其实在父母刚刚分开的时候，埃隆·马斯克三兄妹是跟着母亲一起生活的。母亲带着孩子们搬到了南非东海岸的德班，但是几年之后，埃隆·马斯克决定跟父亲一起生活。因为他感觉父亲好像很难过并且很孤独，母亲带着三个孩子，而父亲却什么都没有。

埃隆·马斯克的弟弟金巴尔后来也选择跟父亲一起生活，虽然母亲梅耶对于两个儿子的选择感到很难过，但她还是表示理解，也许儿子愿意跟父亲生活是天性使然吧。

跟父亲生活的时光有很好的一些方面。父亲有大量的书籍可供埃隆阅读，父亲的智慧和实践经验也使孩子们受益良多。在埃隆看来，父亲是一个工程天才，他知道每一种物理现象背后的道理。埃罗尔也十分愿意在计算机和其他一些埃隆喜欢的事情上花钱。埃罗尔还经常带孩子们去海外旅行，这些都给两个儿子的童年成长留下了十分美好的回忆。

但埃罗尔性格中也有十分不好的一面，跟他一起生活的两个儿子也承受了一定程度上的精神折磨。比如，埃罗尔会让埃隆和金巴尔坐下来，然后连续教训他们三四个小时，让男孩子们毫无招架之力。埃罗尔倾向于对孩子们严加管束，并且以此为乐。这样无疑剥夺了孩子们童年应有的很多乐趣。埃隆一直想去美国定居，还曾多次试图说服父亲搬去美国，结果总是引来埃罗尔一顿狠狠的教训，认为他的想法不切实际。埃罗尔甚至会打发走家里的管家，让埃隆·马斯克一个人把所有家务活儿都干完，然后告诉他，这就是美国人的生活。

在梅耶看来，没有人能够跟埃罗尔好好相处，因为他对任何人都不友好。

在长大后的埃隆看来，父亲不是一个快乐的人，是一个怪人，无论多好的情况，都会被他弄得很糟。埃隆不愿意透露更多的细节，但他坦陈，自己的童年过得并不幸福。他甚至不让自己的孩子们跟梅耶见面。

埃罗尔总是带给身边人负能量。但是不可否认，埃罗尔是一名优秀的工程师，而且他把作为一名工程师的责任感和使命感或多或少地传递给了埃隆·马斯克。不管创办了多少家公司，不管取得了多大的成功，埃隆·马斯克始终觉得自己是一名工程师，他一直以工程师的视角来看待这个世界。这应该就是埃罗尔作为一名父亲，传承给埃隆·马斯克最大的一笔财富。

迫不及待独闯北美

一到 17 岁，马斯克就迫不及待地离开了南非，去到了他一心向往的北美。

马斯克的妈妈梅耶是加拿大人，所以作为子女，马斯克也获得了加拿大的护照，他毫不犹豫地去了加拿大。

本以为加拿大有不少自己的远亲，但到了才发现，自己无家可归。刚到加拿大的那一年，马斯克在加拿大各地打工。与此同时，他的妈妈和弟弟妹妹也在想方设法去加拿大跟他团聚。

1989 年，跟妈妈、弟弟、妹妹团聚之后，埃隆·马斯克进入了位于安大略省的皇后大学。之所以选择皇后大学，是因为埃隆·马斯克认为皇后大学的美女比较多。不过，他也的确在皇后大学遇到了他的第一任妻子。

他和弟弟聚在一起，他们天不怕地不怕的本性得到释放。兄弟俩开始在这个自由的国度做任何他们想做的事。比如，他们会一起读报纸，从中发现他们觉得有趣的人，然后想方设法约人家见面。这其中就有加拿大新斯科舍省彼得银行的高管彼得·尼克尔森。

虽然尼克尔森一般不会接受这样贸然的邀请，但他还是被两个充满活力的年轻小伙子打动了。6 个月后，埃隆和弟弟金巴尔获得了见面的机会，他们给尼克尔森留下了非常深刻的印象，尼克尔森甚至给埃隆提供了一份暑期在银行实习的工作，并且成了埃隆的导师。

大学生活也过得不错。大学很适合埃隆·马斯克——大学同学不会觉得他无所不知十分讨厌，更不会嘲笑他在能源、太空和其他一些他感兴趣领域的见解，反而会给出积极的回应，马斯克找到了一群尊重他学识的志同道合的人，生活得很快乐。

因此，比起高中，大学时代的埃隆·马斯克更加有野心，他学习商业课程，参加演讲比赛。他标志性的马斯克式专注和竞争力也萌生于那个时候，并且一直延续到现在。在皇后大学待了两年之后，埃隆·马斯克获得了奖学金，便转学去了美国的宾夕法尼亚大学。

他终于来到了他一直渴望的美国。其实，去加拿大只是曲线救国。一直以来，他心中的目标就只有美国，马斯克认为，只有在美国这个自由而充满创新的国家，他才能实现人生目标和梦想。他比绝大多数美国人还要相信美国梦。

在宾夕法尼亚大学，埃隆·马斯克修了双学位，先是沃顿商学院的经济学学士，然后是物理学学士。

马斯克跟学物理的同学们相处得非常愉快。从小担心他无法跟同年龄段朋友好好相处的母亲梅耶放下心来。有一次，梅耶去宾夕法尼亚大学看望埃隆，看见他和他的同学们在讨论物理问题，然后开心得放声大笑，梅耶感到很欣慰，埃隆终于找到同类了。

临近毕业，埃隆·马斯克开始思考自己毕业后的出路。他曾经考虑过进入视频游戏行业，因为从童年时起，他就非常迷恋游戏，但他又觉得这个追求不够宏大，就算真的做出了非常出色的游戏，又能给这个世界带来多大影响呢？

这个时候，他那种从小根植于脑海中的英雄情结和救世情结起到了关键性的作用。其实，他自从上了大学以来，就一直在思考着这个世界未来的可能性，最后，他得出了自己的结论——互联网、可再生能源和太空探索这三个领域正在发生巨变，他可以有所作为。

所以，一切都不是巧合，一切都是有原因的。埃隆·马斯克并不是跌跌撞撞进入这些领域，而是从一开始就对这个世界和自己的定位有着清晰的认识。

在父母的支持下开始创业

大学毕业之后，埃隆·马斯克迫不及待地开始与弟弟金巴尔一起创业。

父母对于两个儿子的创业均给予了支持。

父亲埃罗尔还资助了两个儿子28000美元，帮助他们度过创业初期。母亲也把自己赚来的工资拿来贴补儿子。

那时候，母亲梅耶还在加拿大，她每六周就去加州看望一次儿子。有一次她去看他俩，梅耶和金巴尔去复印两个孩子第二天要拿去见风投的演示文件，连复印文件的钱，都是母亲掏的。但好在，第二天，他俩就顺利地拿到了第一笔风投。创业也慢慢步入了正轨。

虽然迫不及待，但埃隆·马斯克对于自己的创业并不盲目，他依次进入他在大学就已经看好的三个领域：互联网、可再生能源和太空探索。

他先是征服了互联网世界，创立了 Zip2，这是一个罗列各个企业信息及地理位置的网站，在那个还没有谷歌地图和点评类网站的年代，埃隆·马斯克的这个创意可以说是很超前的了。后来 Zip2 开始与媒体合作，向媒体提供企业信息。

最终，Zip2 以 3 亿美元的价格被出售给了一家个人计算机制造企业。

马斯克也开始了他的再一次创业。这一次，他瞄准的是互联网金融。在当时，埃隆·马斯克和他的竞争对手一起，都在为线上支付系统的搭建而努力。

马斯克再一次成功了，成了目前知名的国外排名第一的互联网支付工具——PayPal 的联合创始人。

这个时候，时间到了 2001 年，埃隆·马斯克也步入了而立之年。

PayPal 获得了巨大的成功，但马斯克想要追寻更大舞台的想法已经在萌动，而且一天比一天强烈。

马斯克携家带口南迁至了洛杉矶，准备开启新的事业和生活。那个时候，埃隆·马斯克的手边常常放着一本关于火箭制造的读物。并且开始公开谈论太空旅行和改变世界的事儿。其实，马斯克选择洛杉矶是有意为之，因为这座城市让他有机会接触到太空，或者说是整个太空行业。

是的，这就是埃隆·马斯克，永远目标远大而清晰。他开始向着他的第三个目标领域进军，在他看来，这是能够为全人类谋福祉的终极领域。

南加州因其温和且稳定的天气而备受航空业青睐。美国空军、美国航空航天局、波音公司和其他个人及组织都在洛杉矶及其周围地区展开了大量的生产制造活动和尖端试验。虽然当时的马斯克还不知道自己要在太空中完成什么项目，但是他明白，只要留在洛杉矶，身边就不乏世界顶尖的航空业人士，他们能够帮助马斯克实现和完善自己的太空梦。这些高素质的太空行业人才将加入到他下一段的创业历程中去。

果然，马斯克通过各种渠道去了解和接触太空行业，一步一步明确了自己的太空使命：去火星。他的终极目标是让人类移民火星成为可能，为了实现这个终极目标，他需要一次次尝试往火星上运送生命，购买运送生命的火箭太贵，他便创立了 SpaceX 自己制造火箭。

这就是埃隆·马斯克，只要确立了梦想和目标，就是一步一步靠近，任何困难都不会让他退缩。

母亲的传奇在延续

埃隆在 17 岁毅然决然奔赴加拿大的时候，妈妈梅耶在南非的生意已经很红火了，她经常在营养学的活动上被聘请为演讲嘉宾，可是梅耶和埃隆·马斯克的弟弟、妹妹都义无反顾地跟着埃隆搬家了。

到了加拿大，梅耶得重新开始。她和女儿托斯卡住在朋友家里，直到她们在多伦多找到了一间廉租房，后来埃隆也搬过来跟她们一起住。在多伦多大学，梅耶做研究，每个月挣 1000 美金，她同时也进修课程，这样把南非的学历转成加拿大认可的证书。她为埃隆买了一身 99 美金的西服套装，然后有一个营养师朋友的丈夫正好在微软工作，她就拜托人家安排埃隆在微软工作了一段时间。梅耶继续做模特，然后在模特公司那座大楼里面找了个办公室，装修好了就开始了营养师的生意。

大学毕业后，两个儿子埃隆和金巴尔搬到了加州，成立了电子黄页公司 Zip2。梅耶当时每个月大概能够剩下 2000 美金，她就用这笔钱每 6 个星期就去儿子那里待一星期。剩下的钱就给儿子们用。

很快梅耶又搬家了。梅耶再一次追随儿女们，从加拿大搬到了美国加州。她卖掉了多伦多的营养师生意，期望在美国大展宏图——因为美国人都需要营养师啊——但是，又一次，她从零开始。

她从零开始学习美国的计量制，学习美国营养学会的规则，根据美国的规则来调整她的商业模式。那时候的她连汽车都买不起，就租了一辆，这样可以周六早上先到百货公司表演 T 台秀，然后下午去看望孩子们。

1998 年，Zip2 开始有点起色了。那一年，梅耶刚好 50 岁，她的两个儿子送给她的生日礼物是一个木头的玩具小汽车和一栋木头的玩具房子。"有一天我们会给你买真的汽车和房子！"儿子们说。一年后，个人计算机制造企业康柏公司收购了 Zip2，付给他们 3 亿零 500 万美金——他们要给梅耶买承诺过的房子，可是这次倒是她决定离开孩子们了。她搬去了曼哈顿。"纽约人说话快，走路快，交谈快"，她说，"这些是跟我一样的人。"

梅耶在纽约一住就是 13 年。并且在此期间，她的模特生涯走红了。除了登上《纽约》杂志的封面，她还做过时代杂志的健康专刊的封面，还出现在时代广场的 Target 公司广告牌上面扮演圣诞奶奶，而且这些都是在她将近 60 岁的时候做到的。同时，她重新启动了她的营养事业。

而就在埃隆·马斯克缔造了 PayPal 的成功，并且着手开始创立 Tesla 和 SpaceX 的时候，埃隆和他的弟弟妹妹终于说服了妈妈梅耶，她搬回了加州，这样一家人又一次团聚在一起。

"我们这一家人似乎不可以分开太久，但其实我们每一个又都是非常独立的。"梅耶说，"我的孩子们从他们还很小开始，就一直想做自己的事情，而且是用自己的方式。这点随我，我是个凭直觉生活的人。所以很自然地埃隆·马斯克和他的弟弟、妹妹也是这样的思维。"

母亲家族的标配——冒险和创新

不仅埃隆·马斯克的母亲是一个独立、勇敢,颇具冒险精神的奇女子,埃隆·马斯克的外祖父约书亚·诺曼·霍尔德曼更是传奇。冒险和创新的基因在埃隆·马斯克母亲的家族里一代代传承。

埃隆·马斯克的外祖父约书亚·诺曼·霍尔德曼从小就是一个体格矫健并独立的男孩。1907 年,他们举家搬去加拿大的萨斯喀彻温省草原定居。但在他刚满 7 岁的时候,他的父亲就去世了,他便开始帮忙维持一家人的生计。约书亚很快便学会了开垦荒地、驯养野马、摔跤和拳击,还经常因为帮助当地农民驯马而受伤。

十几岁的时候,约书亚来到艾奥瓦州,并在那里的按摩学校获得了一个学位,然后他又回到了萨斯喀彻温省继续当他的农夫。

当 20 世纪 30 年代经济大衰退来临的时候,约书亚陷入了金融危机。他没有办法偿还用来购买设备的银行贷款,以至于他的 5000 亩土地被查封。从那时起,约书亚再也不相信银行,而且也不再存钱了。1934 年,失去了农场的约书亚开始四处漂泊。

1948 年,约书亚娶了一位加拿大舞蹈老师温妮弗雷德·约瑟芬·弗莱彻(下文中简称为"温")为妻,并成立了一家按摩诊所。也是在那一年,在有了一对儿女之后,他们又迎来了双胞胎女儿卡耶和梅耶,梅耶就是马斯克的妈妈。一家人住在一幢 3 层高、有 20 多个房间的大房子里,按摩诊所也开在这里,同时还设立了一个舞蹈教室,温可以继续教舞蹈。一家人的日子过得快乐而平静。

但是约书亚并不满足于这样简单而平静的生活。他还在不断尝试新的事情,他开始学习驾驶飞机并购买了私人飞机。约书亚和妻子还会把孩子放在他们的单引擎飞机的后座上,带着他们在北美洲大陆四处游历。约书亚更是会经常驾驶飞机出席各种政治活动或者是与按摩相关的会议。他甚至还和妻子合写了一本书，名为《飞行的霍尔德曼家族：可怜一下这个穷苦的飞行员吧》。

1950 年，当约书亚已经拥有了一切的时候，他却决定放弃这一切，重新开始。决定这么做的原因有两点，首先就是这位医生兼政治评论家对加拿大开始失望，他长期抨击加拿大政府作风官僚，爱管闲事，干扰个人生活。作为一个在家中对道德的约束极为严苛，不允许抽烟、喝酒，不允许喝可口可乐的人，约书亚认为加拿大的道德已经开始堕落。那么另一方面呢，就是约书亚对于冒险的渴望一直蠢蠢欲动。

于是就在几个月之内，一家人卖掉了他们的大房子、按摩诊所和舞蹈教室，决定搬往南非。约书亚把他的个人飞机拆解、打包，运往南非，到了南非之后，他再重新组装，然后驾驶飞机横穿整个国家，去寻找最适合居住的地方。最后，一家人在比勒陀利亚定居了下来，还重新开了一家按摩诊所。

新生活貌似再一次安定了下来，但冒险却远未结束。1952 年，约书亚和温驾驶飞机完成了一次 2.2 万英里的往返旅行，从非洲北上一直飞到了苏格兰和挪威。温并没有驾驶执照，她大部分时间担纲领航员，但有的时候她也会亲自驾驶。1954 年，这对夫妻的驾驶生涯达到了巅峰，他们飞行了 3 万英里从南非的比勒陀利亚往返了一趟澳大利亚。

报纸上还报道了这一次颇有些壮阔的飞行旅途，他们被认为是唯一驾驶单引擎飞机从非洲飞到澳大利亚的私人飞行员。

除了飞行，约书亚还带着一家大小深入丛林去探险，他们花了一个月的时间，企图去寻找传说中位于南部非洲的喀拉哈里沙漠的失落之城。一张全家福能够说明当时的情景：在非洲丛林中，5 个孩子围坐在一堆篝火旁边，篝火上面是一口被加热了的大锅。孩子们看起来轻松又惬意，他们身后有一架飞机、一顶帐篷，还有一辆汽车。但这只是画面中被定格了的短暂的宁静。实际的旅途，则是充满了惊险。在一次事故中，他们的卡车撞上了树桩，导致保险杠穿透了散热器。于是大家被困在这片无法通信的荒蛮之地。约书亚用了 3 天的时间才把车修好，其他人则四处猎食，解决温饱问题。每当夜幕降临之时，土狼和狍子都会在篝火周围徘徊。某一天早晨，一家人醒来之后发现一头狮子就站在离他们的桌子 3 英尺远的地方。约书亚抓起当时他手边能抓到的第一件东西，一盏灯，冲着狮子挥舞并怒吼，没想到狮子竟然就走开了。

夫妇两人采取了放任自流的态度来养育他们的 5 个孩子，而这种方式也成了家族传统。约书亚经常对孩子们说，"你能够做成任何事情，你只需要下定决心，然后放手去做"。

所以，如果约书亚看到了他的外孙埃隆·马斯克现在所做的事和取得的成绩，他一定是会感到骄傲的吧。

约书亚 1974 年，在他 72 岁的时候离世。如此热爱冒险的人，也是在探险之时离开的。当时他正在驾飞机，没看见两根电线杆中间有一根电线，那根电线缠住了飞机轮子并把飞机掀翻了，约书亚折断了脖子不幸身亡。

埃隆·马斯克在他童年时期了解了他的外祖父的这些颇为传奇的人生经历后，认定外祖父是他的偶像，他甚至觉得，自己骨子里的冒险和创新精神，都是直接遗传自外祖父。他甚至还试图买回外祖父当年一直驾驶的那架私人飞机，但遗憾没能成功。

父母优点的完美结合

北京时间 2016 年 9 月 1 日，搭载着 Facebook 的第一枚卫星，原定于 9 月 3 日发射的 SpaceX 的一枚火箭，在进行加入燃料测试的时候，突然毫无预兆地原地爆炸了。

5 个月之前，埃隆·马斯克带领 SpaceX 实现了在海上回收火箭的壮举，5 个月之后，搭载着 Facebook 第一枚卫星的火箭却在发射前莫名其妙地爆炸了。

这过山车般的跌宕起伏，外人唏嘘，但马斯克却早已看淡，他从创业以来就不仅经历过各种成功，失败和变故同样也是家常便饭。

有报道称，这一次火箭莫名其妙地爆炸，让埃隆·马斯克的个人财富瞬间蒸发了近 8 亿美元。当然，财富的蒸发不全是因为火箭爆炸，马斯克拥有的另一家长期亏损的公司太阳能城也是主因。太阳能城做的是光伏发电的租赁生意，需要强大的现金流来持续购买太阳能光伏设备，但获取回报却需要细水长流。

埃隆·马斯克长期把太空探索技术公司赚来的钱输送给太阳能城和特拉斯，虽然特拉斯同样烧钱，但是却因为有海量订单而不那么让人担心。太阳能城却一直被人诟病为拖住马斯克步伐的"拖油瓶"，为什么不放弃太阳能城？要知道，马斯克之所以是马斯克，除了企业家的身份之外，他身上还有种为了更大的梦想和事业去冒险的精神。正因如此，他被人们冠以"天才冒险家"的称号。

马斯克长时间将大量资本投入到疯狂的梦想中，比如"让世界完全脱离矿物燃料"，再比如"移民火星"。因此，哪怕个人财富化为乌有，他也不会放弃太阳能城，因为这家新能源企业也在埃隆·马斯克的梦想版图中，并且是极其重要的一块。因此，埃隆·马斯克随时都在做着申请个人破产的准备。

这就是埃隆·马斯克——总是为了梦想和使命感而战，成为一个当之无愧的伟大冒险家，这些冒险的一面遗传自妈妈。同时，他信奉科学，脚踏实地地通过科学和技术的力量去实现自己疯狂的冒险和绝妙的创意，并以一个工程师的力量去寻找改变世界、造福全人类的最终途径，而这些又是得益于他的工程师爸爸。

虽然埃隆·马斯克的父母在他10岁的时候就离异了，但是父亲和母亲却还是把自己身上最好最优秀的人格特质传递给了他，缔造出了这个想要改变世界的天才工程师。

虽然埃隆·马斯克早已是传奇，但是他势必还将继续战斗下去，以实现他那个"在火星上退休、养老"的梦想。

第三章

比尔·盖茨：
完美父母孵化的世界首富

人物名片：

比尔·盖茨

美国知名企业家、投资者、软件工程师、慈善家。

与合伙人共同创立了微软公司，曾任微软董事长、CEO和首席软件设计师。

父亲：威廉·亨利·盖茨

母亲：玛丽·盖茨

20世纪可以说是一个信息技术大爆发的时代。而在这个时代里，有一个怎么都绕不开的灵魂人物——比尔·盖茨。

自从13岁迷上电脑，计算机就成了比尔·盖茨一生的热爱。22岁那一年创办了微软，此后，他缔造的微软帝国，创下了20世纪信息科技时代的半壁江山。他个人也在33岁的时候成为世界上最年轻的白手起家的首富。

这样一个叱咤科技界的人物来自一个温暖富足的家庭，有一对堪称完美的父母，在父母的言传身教下，他得以尽可能地释放自己的天赋和潜能，最终凭借自己从小对计算机的热爱成就了一番霸业。

比尔·盖茨与自己的父母和家庭关系亲密，这样一种亲密关系成就了他的很多方面，一方面养成了他很多良好的性格和品行，另一方面他把一些让他受益的家庭传统带入了他塑造并经营的企业中。

总之，父母在比尔·盖茨的生命和事业里扮演了极其重要的角色，他们是比尔·盖茨的领路人，同时，他们向比尔·盖茨传达和灌输的家族精神和优良传统，也顺其自然地融入到了比尔·盖茨本人和他创造的微软帝国的血液里。

一对堪称完美的父母

盖茨夫妇，是一对堪称完美的父母。

说他们是完美父母，不是因为他们只在教育儿女这件事上特别用心，只做好了当父母这件事，而是因为他们同样专注于让自己成为更好更优秀的人，并用这样一股源源不断的能量感染并影响自己的子女。

二战结束后，老盖茨回到华盛顿大学读书，由于战争的缘故，在那时的华盛顿大学校园里，可能每5个男孩儿要去同时争取一个女孩儿的青睐，竞争非常激烈。

所以当时的老盖茨就拜托了一位要好的女同学玛丽·麦克斯韦，让她帮忙牵线搭桥为自己介绍一个合适的女孩儿。因为老盖茨身高两米，所以，他觉得身材高挑的女孩儿跟自己参加舞会一起跳舞更加合适，所以，他明确地告诉了玛丽，他想找个个子高的女孩儿。

时间一天天过去，玛丽那边都没有什么动静，老盖茨按捺不住了，终于问她："你帮我找的舞伴找好了吗？"

玛丽淡淡地说，"找好了。"

"是谁呀？"老盖茨问。

"就是我呀。"玛丽不慌不忙地说。

耿直的老盖茨急忙说："不行不行，你太矮了。"

玛丽却并不气恼，转过身去好让老盖茨看清楚她侧面的轮廓，然后踮起脚尖十分自信地说："我不矮，你看，我高着呢。"

就这样，老盖茨和玛丽开始约会，并在两年后结婚了。

后来已经成为比尔·盖茨母亲的玛丽，还时常会讲起这个爱情故事，当时的她觉得，老盖茨就是想约她，只是不好意思开口，所以才用这么婉转的方式。

玛丽就是这么乐观开朗的人。在大学里，她非常活跃，社交能力也很强，活跃于各种学生团体，还经常在滑雪比赛中取得佳绩。她活泼、乐观的性格和生活态度也让她在她最初的教师职业生涯中取得了成功。当她因为怀了第一个孩子，也就是比尔·盖茨的姐姐克里斯蒂而提出辞职时，校长亲笔给她写了一封感谢信，称她是自己见过的"最称职、最优秀的教师"。离开教育事业之后，玛丽把自己的天分投入到经营家庭上。后来，玛丽还投身于公共服务事业，并且表现出众，甚至成了美国联合慈善总会有史以来第一位女性领导人。

老盖茨从二战退役之后，在华盛顿大学学习法律，然后成了西雅图一名出色的律师，而从律师的职务上退休以后，他也不闲着，一直奔走在慈善事业的第一线。

志同道合的夫妇两人也一直在慈善事业上倾注心力，从事了大量志愿者工作。

善良又热情的盖茨夫妇拥有极好的人缘和不错的社会关系。他们有很多优秀的朋友，这些朋友大多是各行各业的佼佼者，这些良好的社会关系和社会资源也时常惠及比尔·盖茨。从小，比尔·盖茨都会在家里聆听父母和他们的朋友谈话，还会抓住一切机会提问，可以说，父母和家庭是比尔·盖茨通向社会的一扇有益之门。

不仅如此，他们两人还会认真思考并且乐于去学习如何成为一对更好的父母。他们会一起去参加教会举办的父母培训班，并将在培训班学到的为人父母之道真正应用到与孩子的相处中去。

并且，他们还很懂得为人父母的智慧。比如，他们一直都不知道比尔·盖茨在上初中的时候会经常半夜从家里溜出去泡在计算机房中捣鼓计算机。他们是在孩子们都长大成人之后，才偶然从比尔·盖茨的姐姐克里斯蒂嘴里得知此事。克里斯蒂说，其实家里的地下室是很容易溜出去的，只是她并不想那么做。老盖茨夫妇马上就很想问，那么比尔·盖茨的妹妹，他们的小女儿利比是不是也会经常溜出去呢？但他们最终并没有那么问，因为在老比尔·盖茨看来，为人父母的智慧之一就是，既然你可能不会喜欢这个问题的答案，那么为什么还要问呢？

在这样一对无私、有爱并且非常懂得如何与子女相处融洽的完美父母的言传身教下，盖茨家的 3 个孩子各个优秀，并且整个家庭关系非常亲密，一家人其乐融融。

与父亲同名

比尔·盖茨跟他的爸爸同名。

比尔·盖茨的全名叫威廉·亨利·盖茨三世，这是一种家族血脉的传承。在比尔·盖茨还没有出生的时候，他的父母就决定如果是个男孩，就取名叫比尔·盖茨三世。

比尔·盖茨不止一次打趣地说，如果他的父亲早知道自己的儿子会名扬四海，他们绝对不会让他继承他父亲的名字，他们会给他起一个更加与众不同的名字，来匹配他那与众不同的身份。

盖茨夫妇怎么会想到，他们那个从小瘦弱又害羞的儿子，有一天会成立了自己的公司，并且引导了一场科技革命，深刻地改变了整个信息技术时代，还成了世界首富？

而现在，这么一个颠覆了世界的儿子，毫无疑问成了老比尔·盖茨最大的骄傲。并且，让他最骄傲的还不只是他有一个这么优秀的儿子，而是这个优秀的儿子还一直将他视为目标和榜样。

以下这段比尔·盖茨对老比尔·盖茨说的话，被老比尔·盖茨拿来放在他所撰写的《盖茨是这样培养的》一书的扉页，可见老盖茨是多么的欣慰。

"爸爸，下次如果再有人问起你，你是否真的就是那个比尔·盖茨，我希望你骄傲地回答他们：'是！'我希望你告诉他们，你正是另外那个比尔·盖茨一直努力奋斗的目标和榜样。"

小盖茨总是在思考

比尔·盖茨从小就展露出了自己爱思考的天性。

在他刚刚不用天天待在摇篮里的时候，他就喜欢上了一匹摇动木马，经常一骑在上面就是好几个小时。他就是在那个时候学会了思考。

上学以后，比尔·盖茨是班里年龄最小的孩子，尽管他长得比实际年龄看上去瘦小，还有些笨拙，但是在学业上他却是耀眼夺目的。他对例如数学和自然科学驾轻就熟，并且贪恋阅读。在每次开学的头几天，他就会把每一册课本都从头到尾看一遍，他还经常参加公立图书馆举行的读书竞赛，并总是获奖。

作为一个小男孩，比尔·盖茨的阅读量远远超过同龄人，他读书兴趣广泛，常常废寝忘食，数学、科学书籍以及青少年小说，比尔·盖茨都喜欢看。不仅看，更重要的他还要思考。就连那些成年人认为是理所当然或者无暇顾及的事情，他也总是心存好奇，并会在他的小脑袋瓜里深思熟虑地思考一番。

所以小比尔·盖茨常常语出惊人，虽然小小年纪，但对世界的看法和想法往往让大人都瞠目结舌。

玛丽·盖茨回忆说比尔·盖茨总在思考问题。"每次我们要到什么地方去的时候，他总是没准备好，我们就喊他：'你在做什么呢？'他就回答说：'想问题。'"比尔·盖茨甚至还会质问父母："难道你们不动脑筋想问题吗？"

老盖茨夫妇不知道该如何回答他。

那时，老盖茨正处于律师从业阶段最艰难的时期，而玛丽要同时照顾3个孩子，并且还是美国联合慈善总会的志愿者，每天都有无数事情等着她处理。要同时兼顾事业和家庭，盖茨夫妇的压力和紧张程度可想而知。所以当小盖茨问他们是否曾经花时间来思考时，老盖茨和玛丽面面相觑，然后异口同声地回答："没有。"

但比尔·盖茨却把思考的习惯一直延续了下去。在创建了微软之后，他还制定了一项规章制度，那就是每年开展两次"思考周"，"思考周"

为微软员工提供了一个探索并展示其理念的机会，激励业务团队内部提出更系统、更富想象力的计划。在"思考周"，员工灵感迸发，大家讨论的也许是 10 年之后的产品，远超现有水平。而比尔·盖茨则在"思考周"里，把大部分时间花在独处上，仔细阅读员工们写的技术论文，慎重思考公司未来的发展等问题。

但是到了现在，经过对儿子当年提出那个问题近半个世纪的琢磨和思考之后，老盖茨想要改变当初的答案。

他认为，思考是一个特别好的习惯，人需要对生活、工作以及诸多事情进行深思和熟虑。

并且，老盖茨还乐于把自己对人生和诸多生活经历的思考分享出来，帮助和鼓舞他人。

13 岁遇见一生的热爱

比尔·盖茨是幸运的，他在 13 岁的时候就遇见了自己一生的热爱。那就是计算机。

对比尔·盖茨来说，驾驭计算机是一种挑战。

回忆起第一次接触计算机的情形，比尔·盖茨说，"我编写第一个程序是在 13 岁，那时是为了玩一个画圈圈叉叉的简单小游戏。我使用的那台计算机又大又笨又慢，很有玩头。"比尔·盖茨发现了他的兴趣所在。

并且，这个兴趣陪伴他至今。

那时的比尔·盖茨就读于湖畔中学，那是西雅图一所专门招收 7 年级至 12 年级男生的私立学校。

在进入湖畔中学的第一年，比尔·盖茨就跟他的同学在学校礼堂发现了一台新机器，并对其表现出了极大的好奇。那是一台电传打字机，由键盘、打字机、纸带穿孔机和纸带阅读机组成。通过电话线，这台电传打字机能与当地通用电气办事处的一台电脑进行通信。

那是 1968 年，个人计算机还没有被发明出来，企业和大学里都是使用比冰箱还要巨大的大型计算机。

一开始，湖畔中学的学生对计算机是一窍不通的，而老师对计算机的了解也不见得比学生多到哪里去。但是，这就好比是一个复杂的难解之谜，计算机能够提供信息和反馈，如果使用者正确地书写命令，计算机就会作出反应并予以解答，反之，它就不会作出有效的反应。比尔·盖茨则对这样一个难解的谜题充满了兴趣。学校那时并没有设立计算机课程，老师和学生都是通过计算机手册自学，比尔·盖茨和其他学生把一切能够利用的时间都花在操作计算机上了。他们学习了好几种计算机语言，并且还尝试编写一些简单的程序。比尔·盖茨就曾经为了用电脑玩"冒险"游戏写过一个程序，在游戏中，玩家装作"接管"了这个世界。

由于比尔·盖茨在计算机房学习的时间太长，其他学生抱怨他霸占了计算机。而他们也会在遇到计算机程序方面的难题时，跑去向比尔·盖茨咨询。

通用电气每月向湖畔中学的学生征收 89 美元使用电传打字机的费用，另外还征收每小时 8 美元的上机费。这样一来，学计算机的学生很快就账单累累，尽管湖畔中学母亲俱乐部通过一年一度的现场旧货出售来资助孩子们使用计算机，但是学生们还是要想更多的办法来支付使用计算机的费用。

比尔·盖茨的父母负担了他的学费和书费，但却坚持让比尔·盖茨自己偿付使用计算机的费用。父母的这一坚持，逼迫比尔·盖茨开始考虑计算机软件行业的商业化运作。简而言之，他想通过使用计算机来获得报酬。

机会来了。

计算机中心公司在西雅图开通了业务，这家公司有一台大型计算机，湖畔中学的学生利用电传打字机和电话线与之连接了起来。因为当时懂计算机的人实在是少之又少，所以计算机中心公司主管决定借助湖畔中学学生的帮助。

湖畔中学的学生们在公司非营业时间段去测试并处理计算机程序中的漏洞。他们从湖畔中学坐公交车到计算机中心公司，然后在那里一待就是好几个小时。比尔·盖茨甚至在夜里溜去公司上机工作，如果错过了最后一班公交车，他就得步行三英里回家。

虽然最后这家公司倒闭了，但是比尔·盖茨和他的同学还是利用周末或者假期为其他电脑公司编写程序。比尔·盖茨通过编写计算机代码换得免费使用计算机的时间，也获得报酬。

在比尔·盖茨上初中的时候，他还认识了他一生中最重要的一个朋友，那就是比他大两届的保罗·艾伦，两人对计算机同样痴迷，一起没日没夜地泡在学校的计算机房。

两人还在高中时期就成立了他们的第一家公司，制造他们开发的一种称为 Traf-O-Data 的装置并将其推向市场，以此开始了他们的商业冒险之旅。

这个名叫 Traf-O-Data 的装置是一种计数装置，专门用于搜集并分析汽车数据，这个设备安置在公路上，可以获得一些交通流量的原始数据，对试图根据交通线路和道路信息做出行决定的人，非常有用。

当比尔·盖茨和保罗·艾伦意识到他们的交通分析装置不会在市场上获得成功时，他们决定把精力集中在做计算机程序上，即软件，而不再是硬件。他们长时间讨论一切可能的软件项目，并时刻关注计算机行业在计算机芯片技术方面的最新发展。所以，虽然 Traf-O-Data 并没有取得成功，却为比尔·盖茨日后创立微软埋下了伏笔，打下了一定的基础。

自从比尔·盖茨在 13 岁那一年接触到了计算机，他便发现了自己一生的兴趣，在此之前，聪明的比尔·盖茨总有一种聪明才智和力气不知道往哪儿使的感觉，但从与计算机结缘之后，他便找到了发挥自己才能的空间和天地，从此与计算机为伴，并通过计算机获取了巨大的财富。

与哈佛短暂却又持久的缘分

高中毕业后，比尔·盖茨顺利进入哈佛大学。

在哈佛的数学课堂上，比尔·盖茨发现他不再是最聪明的学生，这让他有些受挫。但这不妨碍他总是跟学习数学的学生就各种各样的话题展开激烈的讨论。也就是在那时，他对他的哈佛同学预言，总有一天普通人会拥有属于他们的电脑，人人都可以拥有属于自己的电脑。大家都对他的语言嗤之以鼻，因为这之于当时的他们是无法想象的，他们想不到会有比哈佛计算机中心那几台大型计算机小巧但却更棒、更了不起的机器。

但很快，比尔·盖茨的预言就冒出了实现的端倪。1975 年 1 月的《大众电子》登载了一篇关于面向公众销售 Altair8800 的文章，Altair 是第一台个人电脑，体积小，但还非常原始。但无论多么原始，它既然是一台电脑，就需要软件。于是，比尔·盖茨和保罗·艾伦决定编写一个程序，有了这个程序，Altair 就能运行其他一些计算机语言。他俩想把这套程序卖给 Altair 的制造商，也就是位于美国新墨西哥州的微型仪器和遥感系统公司（MITS）。

连续 6 个星期，比尔·盖茨除了去上课和草草吃几口饭，其余时间都泡在哈佛计算机中心，保罗·艾伦也是下了班就赶过来和比尔·盖茨一起编写程序。他们如愿了，Altair 的创始人同意购买程序的使用权，并在 Altair 中运转该程序，比尔·盖茨和保罗·艾伦还负责处理程序运行过程中出现的各种漏洞。

1975 年春天，比尔·盖茨结束了他在哈佛的春季课程，但还要不要继续下一学期的学习？比尔·盖茨犹豫了，他非常矛盾。保罗·艾伦那个时候已经接受了 MITS 的工作邀约，在 MITS 担任软件主管。比尔·盖茨意识到自己正处于一场技术革命的转折点上。

比尔·盖茨看得出来，在有了个人电脑之后，无论是计算、打字，还是完成商业和学校里的文案工作都会变得简单很多。比尔·盖茨想要帮助成千上万的人解决每天工作和生活中所面临的各种问题，当然，还要从中赚钱。

比尔·盖茨决定从哈佛请假一段时间，和保罗·艾伦创办一家软件公司。老盖茨夫妇不同意他的这个决定，苦口婆心地劝说他不要那么做。比尔·盖茨后来还是回哈佛又学习了一两个学期，最终，他的软件事业在各种权衡中占了上风。

1977 年，比尔·盖茨彻底离开了哈佛，他告诉他的父母，如果等他从哈佛毕业，就会错失这个千载难逢的改变世界的机会了。老盖茨夫妇还是难以接受，比尔·盖茨便向父母承诺，"随后"就会回到哈佛完成学业。

而保罗·艾伦那时也已经离开了 MITS，他们俩在新墨西哥州注册了一家名为"微软"的公司。创业，正式开始了。

这样一个决定虽然遭到了老盖茨夫妇一定程度的反对，但他们也明白，一旦盖茨下定了决心，就很难更改。他从小就表现出来的这种独立性，其实也是他成功的关键。

老盖茨在比尔·盖茨小的时候，就发现了种种迹象，隐隐感觉到了他的儿子或许不是一般人，但即便如此，他还是没有料想到，比尔·盖茨能够取得如此成就。老盖茨发现，虽然比尔·盖茨也许不是最聪明的孩子，但是他从很小的时候就表现出了一种让大人为之诧异的独立性，他的性格，他的行事方式，包括他说话的字里行间，都显示出了他的想法非常独立。

也是这种独立性，让比尔·盖茨放弃了哈佛大学，从此专注于从小便痴迷的计算机行业，从而在1975年缔造出了微软公司。1986年，31岁的比尔·盖茨成了最年轻的通过自力更生致富的亿万富翁。

而比尔·盖茨向父母承诺的那个"随后"，也终于在30年之后来到。2007年6月7日，哈佛大学授予比尔·盖茨荣誉法学博士学位，老盖茨去现场观看了比尔·盖茨获得学位以及致谢的全部过程。

在致谢最后，比尔·盖茨对观众说："下面这句话我等了30年了，今天我终于可以把它说出来了。"随后，他看向老盖茨，然后说："爸爸，我早就告诉过你，我会回来拿到我的学位的！"

父母经营家庭有道

每当有人问老盖茨，在他的生活中，他最引以为豪的是什么时，他的回答永远是："我的孩子。"老盖茨深信，他的孩子们之所以能取得今天这样的成就，关键因素就是父母对他们毫无保留的爱和支持。

母亲玛丽·盖茨在生了第一个孩子，也就是盖茨的姐姐以后，放弃了自己的教育事业，专注于养育孩子和经营家庭，等孩子稍微长大一些，玛丽又投身于公共服务事业中，并做得极为出色，她越来越忙，但绝不会忽视3个孩子，她还是给予了他们充分的爱与支持。

1974年，在玛丽不知情的情况下，盖茨的姐姐克里斯蒂·盖茨和妹妹利比·盖茨在由当地一家报纸组织的"母亲年"竞赛中提名玛丽为"年度母亲"。

在提名信中，她们写道："我们的家庭有3个孩子，尽管母亲从事志愿者工作忙得不亦乐乎，但她在工作之余仍然有足够的时间把母爱分享给我们每一个孩子。"

玛丽最终获选了"年度母亲"，当然，也赢得了所在社区人的赞美和尊敬。

父母的爱与支持主要体现在对平常家庭生活的经营上。当孩子们不断长大，玛丽总是会想方设法设计一些生活的细节，让家庭生活更加有趣。比如，有时候为了让洗碗更加有趣，盖茨一家人通过晚饭后玩牌决出胜负，赢的人可以不用帮忙清洗碗筷。盖茨一家还一起设计、制作圣诞卡片。

盖茨夫妇还把家庭的教育和影响扩大范围，从他们一个小家，扩展为好几个志同道合的家庭，组成一个大家庭，一起举办各种派对和活动。

在克里斯蒂和盖茨还小的时候，老盖茨夫妇邀请了其他6个家庭一起，在一个名叫齐尔诺的度假村举行篝火晚会，每个人都玩得很愉快。当下决定在下一个夏天到来的时候，还要再来齐尔诺继续篝火晚会，年复一年，几个家庭就这样一起度过了14个夏天。其间，他们还邀请更多的家庭加入，到最后，每年有11个家庭和盖茨一家共度两个星期的欢乐时光。每个家庭都有自己的所长，在齐尔诺举行的晚会提供给每个家庭一个展示的机会，同时也给了所有人发现别人的才华并欣赏的机会。

妈妈玛丽在这方面极有天赋，总能创造性地举办很多游戏和活动，为盖茨一家以及他们的朋友家庭带来无穷乐趣，而且也让盖茨和他的姐妹们能够从一个扩展出来的大家庭中感受到更多关爱。这种游戏以及活动形式还在潜移默化中在他们心中播下了竞争的种子，同时提升他们的一些生活技能和学习能力，这些都是盖茨日后取得成功的重要因素。

比尔·盖茨十分喜欢竞争，凡事不做则已，要做就要做到最好。小时候，教会的牧师看大家学习《圣经》的积极性不高，就指定了一段最枯燥的内容，谁能够背得最好，就能赢得去美国西雅图地标建筑太空针顶的餐厅吃饭的机会，比尔·盖茨赢了。这更加坚定了他有志者、事竟成的信念，只要是他想做的事，他一定会想办法做成。

比尔·盖茨的自信也因此慢慢建立了起来。当他离开家去哈佛读书的时候，就立志要在 25 岁之前成为百万富翁，这种自信超越了一半同龄人，而事实证明，他也的确做到了。

在比尔·盖茨的成长过程中，诸如此类的家庭经营之道让他受益良多，这种受益体现在方方面面，甚至体现在比尔·盖茨对微软的管理上。

就是在从小的家庭游戏传统的启发下，比尔·盖茨发明了"微软游戏"，"微软游戏"已经成为微软每年的年度大事，也成为凝聚微软人心的最好的纽带。

也是因为与家庭的亲密关系，比尔·盖茨把微软建在了靠近西雅图的地方，这样方便他经常与父母待在一起。

传承幸福婚姻秘诀

比尔·盖茨一直忙于工作，老盖茨夫妇甚至担心他没有时间去谈恋爱。

但是，就在这时，不早也不晚，比尔·盖茨的妻子出现在了他的生命中。梅琳达是微软的一名员工，她跟比尔·盖茨是在 1987 年微软的赛事上相遇的。自相识以来，比尔·盖茨就和梅琳达断断续续地约会。

而梅琳达的工作能力也很强，才思敏捷，又很擅长跟人打交道，在微软的职位上升很快，到1993年，她已经成为微软出版社（一套桌上排版系统）的产品经理，负责 40 多人的一个团队。

也是在 1993 年，比尔·盖茨向梅琳达求婚了。随后，微软公关部公布了两人订婚的消息，认识他们俩的人都觉得他们十分般配。老比尔·盖茨更是这么认为，"梅琳达非常优秀，对比尔·盖茨也非常支持，是他的完美伴侣"。

1994年1月，比尔·盖茨和梅琳达举行了婚礼。玛丽在婚礼上的祝酒词，浓缩了她和老比尔·盖茨几十年来所感悟到的婚姻的真谛，他们把幸福婚姻的秘籍通过这份祝酒词传递给比尔·盖茨和梅琳达。

"去爱，然后去珍惜。""同甘共苦""无论富贵或者贫穷""无论疾病还是健康"……

祝酒词是基于结婚誓词撰写的，但是其中情感却是最真挚的，都是从老盖茨夫妇42年的婚姻生活中的一点一滴中领悟出来的。

但生活中的欢乐总是和悲伤交织在一起。当年6月，比尔·盖茨的妈妈玛丽去世了。

比尔·盖茨跟母亲很亲近，她的去世对他打击很大。当比尔·盖茨接到母亲去世的消息时，他冲进汽车，飞速驶向父母家。途中，一名警察因为他超速而把他拦在路边。这位警察认出了比尔·盖茨，看见他泪流满面的样子，警察询问他怎么了，比尔哽咽着告诉他说母亲刚刚病逝，警察放比尔·盖茨走了，但叮嘱他让他开慢些。

几天后，比尔·盖茨在母亲的葬礼上致悼词，仪式现场挤满了亲友和同事。事情过去后，比尔·盖茨从家庭和工作中寻找安慰。梅琳达帮助比尔·盖茨度过了最难过的那几个月。

也是在同一年，比尔·盖茨宣布要把他赚到的钱以积极的方式反馈给社会。比尔·盖茨和梅琳达创立了"威廉·H.盖茨基金会"，这个基金会将向有价值的各类科研项目集中投入资金。比尔·盖茨的父亲老比尔·盖茨从他的律师事务所退休，然后来管理这个基金会。基金会集中关注教育、全球范围的公共健康和人口问题、非营利的民众和艺术团体等领域。

回望自己的来路，比尔·盖茨十分感激自己的母校，也就是在60年代末就让学生接触并使用计算机的西雅图湖畔中学。比尔·盖茨和保罗·艾伦资助湖畔中学修建了一座新的科学大楼，以此来表达他们的感激之情。

比尔·盖茨也出资 1500 万美元赞助哈佛大学修建一座新的计算机中心。

比尔·盖茨还准备了一份特殊的礼物去纪念母亲玛丽。在她去世一周年的纪念日，比尔·盖茨和梅琳达向华盛顿大学捐助了 1000 万美元建立了玛丽·盖茨奖学金。玛丽一直关注和重视教育，有了这个奖学金，很多大学生将从中受益，这一定是玛丽所乐见的。

老盖茨夫妇在比尔·盖茨步入人生新阶段的重要时刻，再一次发挥了榜样的力量。老盖茨夫妇 42 年的婚姻生活幸福又美满，而其中的经营智慧和哲学，都在潜移默化之中影响着比尔·盖茨。他也确实传承到了父母幸福婚姻的经营之道，比尔·盖茨跟梅琳达的婚姻同样圆满而幸福。

父母还是比尔·盖茨最重要的引路人

比尔·盖茨在年少时，就搜集了大量关于成功人士是如何获得成功的资料，这些资料散落在家中的各个地方。

而在他成长的过程中，老盖茨夫妇也结识了很多朋友，这些朋友大多都是所在领域的顶尖人物，比如科学、医药、公共服务和商业领域的佼佼者或者领袖。老盖茨夫妇邀请这些朋友来家里吃饭的时候，他们总是会充满激情地讲述他们在各自领域的事业和追求，比尔·盖茨不仅聆听了这些慷慨激昂让其获益匪浅的演说，更是会抓住一切机会向他们提问。

可以说，老盖茨夫妇为比尔·盖茨打开了一扇能够与优秀的行业领袖结识并交流的机会，老盖茨夫妇是比尔·盖茨成长道路上的重要引路人。

并且，比尔·盖茨和本书中写到的多位优秀企业家也都有交集，无论是事业上的，还是生活上的。而让人意想不到的是，比尔·盖茨跟其中好几个人，之所以会产生交集，还是源于老盖茨夫妇的引荐。

首先来说母亲玛丽。玛丽在朋友以及公众面前永远是光芒四射的，她对生命以及生活怀有的极高热忱，自然为她赢得了极好的人缘。

老盖茨夫妇的朋友梅格·菲尔德是《华盛顿邮报》的编辑，她邀请了沃伦·巴菲特共度周末，她想把她的客人领到老盖茨夫妇正在度假的胡德运河，顺便把巴菲特介绍给比尔·盖茨认识。

玛丽立即认为这是一个很棒的主意，于是她给盖茨打电话，让他周五来胡德运河跟巴菲特见面。一开始盖茨并不太乐意，因为周五是微软的工作日，但是，孝顺的盖茨还是同意来胡德运河。

这次见面成为盖茨和巴菲特之间非凡友谊的开始，原本盖茨和巴菲特只计划逗留几个小时，结果，他俩一起度过了一整天。

和盖茨一家一直保持联系的一位老朋友回忆，他一次受邀参加"微软游戏"，因为担心来得晚而被安排在不好的队伍里，他紧张地观察着周围的每一位队员，试图评估队伍的整体能力。这时候，一个戴着满是窟窿的棒球帽，并且穿着十分随意的男人让他紧张起来了，他心里直嘀咕："这个人是谁啊，他能行吗？"

直到这个戴着滑稽棒球帽的人做完了自我介绍，他才知道是自己多虑了。原来，这个人是沃伦·巴菲特。

巴菲特并不是玛丽第一次为盖茨引荐的朋友了。

她一直从事公共服务，并将此作为教育子女、经营家庭之外的事业。由于出色的工作表现，玛丽成为美国联合慈善总会有史以来第一位女性领导人，引领地方联合慈善会。在美国联合慈善总会董事会，她和其他领导人一起齐心协力为慈善事业服务，这其中，就包括 IBM 公司的前总裁约翰·欧宝。

是玛丽第一次让约翰·欧宝知道了比尔·盖茨和他的公司微软的。微软当时正在为 IBM 公司做项目，据 IBM 公司员工说，在约翰·欧宝评审 IBM 个人电脑项目时，微软为 IBM 公司的工作成果被提交到约翰·欧宝面前，他立即说："哦，这是玛丽·盖茨的儿子。"盖茨的妈妈充当了儿子推荐人的角色，由于母亲出众的人格魅力和工作能力，为儿子赢得了IBM的好感。

而另一个总部也在西雅图的知名企业CEO，则是通过老盖茨，与比尔·盖茨产生了交集。

那个CEO就是一手缔造了星巴克的霍华德·舒尔茨。

说舒尔茨是老盖茨最喜欢的年轻人之一，可是一点都不为过。

老盖茨退休前是西雅图最大的一家律师事务所的合伙人，公司碰巧也是舒尔茨的法律事务代表，当时的舒尔茨还只是一位充满事业心的年轻人，一心想发展咖啡业。"作为一名职业律师，我看到舒尔茨这样一个朝气蓬勃的年轻人，带来诸如星巴克事业计划的时候，我的眼睛为之一亮"，老盖茨回忆道。

老盖茨现在还会时不时地讲起这个年轻人缔造咖啡帝国的创业历程，每次讲起，眼睛都会发亮。

老盖茨在认识了舒尔茨之后，经常向比尔·盖茨讲起他，两个同龄人之间虽然没有直接的业务往来，但是多少会有一些同为创业者的惺惺相惜。

完美父母的"魔力"

一对完美父母带给孩子的正面影响是无穷的，就像比尔·盖茨的父母这样。

他们都是积极且充满正能量的人，在自我实现的同时，给比尔·盖茨树立了良好的榜样。并且，他们的积极和努力，也为他们赢得了良好的人缘和社会地位，这些都成为比尔·盖茨链接世界和社会的绝好"窗口"。

同时，他们还不断努力学习成为更好的父母，花心思去经营好整个家庭，让孩子可以在其中尽可能自由、快乐地成长。

　　现如今，比尔·盖茨的父亲老盖茨都还在经营管理着比尔和梅琳达·盖茨基金会，而这个基金会其实也是在他的建议下促成的。1993 年秋天，比尔·盖茨和梅琳达等人去非洲旅行，当地人极度贫困的生存状况震撼了比尔·盖茨。他叩问自己："我能为他们做些什么呢？"他的父亲老盖茨说，应该建立基金会，开展慈善工作。比尔·盖茨欣然同意，建立了 9400 万美元的基金会，这就是后来比尔和梅琳达·盖茨基金会的前身。

　　比尔·盖茨还总是告诉妻子，自己努力工作并不只是为了钱。对待这笔巨大的财富，他从来没有想过怎么去享用，相反，他在使用这笔财富的时候还很谨慎。他也早就表过态，他要把这笔钱捐出去。他认为，他只是这笔财富的看管人，他需要找到最好的方式来使用它。他找到的最好的方式，就是成立基金会，做慈善。这一定程度上归功于老盖茨，同样也得益于母亲玛丽长年对于公共服务事业的热心。

　　这些言传身教幻化成为比尔·盖茨成长的养料。他热爱自己的父母，他不愿意远离，为了待在父母身边，他把公司和自己的小家庭都设立在父母家附近，不管多忙，他都会定期去探望父母。一些家庭活动和家庭传统也被比尔·盖茨设定成为微软的企业活动和传统。

　　难怪对于所有青少年的父母，老比尔·盖茨的勉励赠言是：幸福而辛勤的扶养和培育终会换来子女对长辈的敬爱和钦佩。

　　也就是说，完美父母对孩子成长所释放出来的正面效应和"魔力"，绝对超乎想象。

第四章

舒尔茨：负面父亲造就正面奇迹

人物名片：

霍华德·舒尔茨

星巴克的董事长、CEO，也是星巴克的精神教父。虽然舒尔茨不是星巴克的创始人，但是如果没有舒尔茨，星巴克绝不会发展成为今天的星巴克。

舒尔茨自称是星巴克的母亲。他认为自己为星巴克注入了价值观——确保公司内每一个伙伴都有赢的深层意愿。舒尔茨想要在咖啡中调入浪漫，敢于在其他人认为不可能的事情上付出努力，以创新的观念挑战失败的可能性，并以优雅的方式来做这些事情。

这就是星巴克的价值观，也是星巴克的灵魂。而这样的价值观与舒尔茨早年的生活经历，更与舒尔茨的父亲和母亲带给他的影响是脱不开干系的。现在，星巴克那些最独树一帜，也是最让人为之魂牵梦萦的灵魂和精神，其实都可以追溯到舒尔茨小时候住的那幢位于美国纽约布鲁克林拥挤不堪的公寓房子里。

父亲：弗莱德·舒尔茨
母亲：伊莱恩

爸爸的脚总是裹着石膏

舒尔茨永远都会记得在他 7 岁的时候第一次看见父亲躺在家里的沙发上打着石膏吊着伤腿的那一幕。

那是 1961 年 1 月，天寒地冻。正在学校后边的操场上打雪仗打得起劲儿的舒尔茨，看见母亲从 7 层的公寓房间里朝他拼命地挥手，他只能赶紧回家。

回到家，就看见了让他至今难忘的那一幕。父亲在工作的时候摔断了腿。从此，父亲打着石膏吊着伤腿的这一情景就总在家里上演。而只要此番情景一上演，就意味着家里在接下来的一段时间里会断了收入。

舒尔茨的父亲一辈子都没干过什么体面的工作。他的最后一份工作，是开着卡车回收脏尿布，然后再把干净的尿布给客户送回去。干着这份工作的那几个月，舒尔茨的爸爸每天都郁郁寡欢，异常痛苦，天天闻着脏尿布那臭烘烘的味道，然后抱怨着说这是世界上最糟糕的工作。

一旦不能工作了，舒尔茨的父亲反而又怀念起这份工作来了。

因为舒尔茨的母亲那时候已经怀孕 7 个月了，不能出去工作，一家人就这样没有了任何收入来源，而且父亲一直从事的各种蓝领工作并不会为他提供医疗保险，也不会有任何工伤赔偿，什么都没有，什么都指望不上。

吃饭的时候，父亲和母亲早凑在一起嘀咕着还得再去借多少钱，找谁借。舒尔茨和妹妹则一言不发，埋着头默默吃饭。这时候，家里的电话铃声一旦响起，母亲就会打发舒尔茨去接，并让他谎称家里大人都不在。

舒尔茨的弟弟出生在 1961 年 3 月，没有任何悬念，舒尔茨的父母又是靠着借钱勉强支付了医院的费用。

可以说，7 岁那年父亲摔断腿，不仅成为让舒尔茨至今都难以忘怀的一件事，也成为他人生的一个分水岭。在那之前，小舒尔茨过着他无忧无虑的童年生活。而在那之后，他则慢慢开始意识到家庭生活的窘迫和自己略显卑微的出身。

父母都出身工人家庭

舒尔茨的父母都出身于工人家庭，在纽约的布鲁克林东区已经住了两代了。

舒尔茨的祖父去世的时候还很年轻，因此，舒尔茨的爸爸在十几岁的时候就辍学了，随后便开始了漫长的打工生涯。第二次世界大战期间，舒尔茨的父亲是驻守在南太平洋新喀里多尼亚和塞班岛部队的卫生急救员，他在那儿染上了黄热病和疟疾，这致使他的肺部后来一直很虚弱，经常感冒。

战争结束后，舒尔茨的爸爸做过很多不同的工作，但都是一些蓝领工作，而且从来也没有显示出什么才能，也没为自己的人生做过什么打算。

舒尔茨的母亲是一名坚强又有干劲儿的女人。她叫艾莲，但别人都叫她的绰号：芭比。芭比当过接待员。不过，在舒尔茨和弟弟妹妹逐渐长大后，母亲艾莲就整天待在家里，照顾 3 个孩子。

1956 年，在舒尔茨 3 岁的时候，舒尔茨一家迁出祖母的公寓，搬到湾景公共项目住宅区。那个地方位于牙买加湾区的卡西纳中心地带，到机场只需要 15 分钟，到科尼岛也是 15 分钟。

舒尔茨现在回想起来，觉得那个公共项目住宅区倒不是个多么可怕的地方，而是个怡人的、庞大的、树木环绕的复合区，有着十几栋八层高的砖石楼房，全是新的。那儿也有小学，是第 272 小学，在住宅楼之间的空地上，也有运动场。但是没有人会为住在这个地方而感到骄傲，因为，住在这里的小孩儿的父母都是给别人打工的人。

舒尔茨就在那里度过了他的童年时光。但其实，他的童年也不乏欢乐的时光。因为是在平民住宅区长大，这让舒尔茨形成了相对客观的理念，因为在那个环境里，大家彼此相处得还算和睦，并且没有什么种族、阶级的观念，人人平等，舒尔茨在那里也结交到了一些三教九流的朋友。光是舒尔茨他们家住的那一幢房子里，就住了 150 户人家，而他们都是共用一部小电梯。每一个单元房都很小，舒尔茨他们一家五口也就挤在一个两居室的单元房里。

但那时候的他，并没有觉得这有什么，他还是度过了一段无忧无虑的童年时光。他和邻居家的小孩子们一起玩游戏，每天都是从大清早一直玩到天黑。父亲下了班或者是周末的时候，只要一有时间或者机会，也会和他们一起玩耍。每个星期六和星期天的早上 8 点，几百个住在这个住宅区里的孩子都会聚集在学校的操场上，进行各种体育运动。但是因为小孩子多，场地有限，所以必须表现出色才能上场，如果不能获胜，就会被淘汰出局，在旁边看着别人玩儿，直到被允许再次加入。因此，从那时候起，舒尔茨就形成了一种做什么事都要尽可能做到最好，有竞争就必须非赢不可的心态，他每次都是抱着非赢不可的心态去玩耍，因为机会难得，一旦错失就只能等待很久才能够再次拥有，可以说，这样一种由小时候的生活环境所造就的心态，将伴随并影响着未来他在商界驰骋的时光。

窘迫的家境

父亲摔断腿，家里断了收入，借债，被催债，再借，再被催……7 岁之后，如此恶性循环总是在舒尔茨的家中上演。

慢慢地，舒尔茨才明白了家里的经济状况有多窘迫。他们很少有机会能够去餐馆吃饭，他的父母总是商量着买什么菜，因为究竟能买什么菜基本上只能根据那天父亲的钱包里有多少钱而决定。

有一年夏天，舒尔茨参加了一次户外露营，当他后来发现那是由政府补贴专为穷孩子们办的时候，感到又气愤又羞愧，从那以后，舒尔茨坚决再也不参加此类活动。

而当舒尔茨上了高中，并且情窦初开的时候，他才意识到住在湾景公房究竟意味着什么。

他所上的卡西纳高中离他们家不到一英里，但他每次上学放学都要经过街边那些带独立庭院的房子和别墅，住在那里面的人都看不起舒尔茨以及跟舒尔茨一样住在湾景公房的人。

有一次，舒尔茨约了一个住在纽约其他地方的姑娘出来。他现在还记得那个姑娘的父亲在听到舒尔茨住在湾区公房之后那个立马拉起脸来的神情。

"你住在哪儿？"

"布鲁克林。"

"哪儿？"

"卡纳西。"

"哪儿？"

"湾景公房区。"

"哦。"

这位父亲脸上随即呈现出来的表情，呈现出来的一种无言的评判，让舒尔茨恼怒不已。

这样的事情不断地在舒尔茨的生活中发生，让他快速成熟了起来。作为家中三个孩子的老大，他莫名地有了一种使命感，他必须快快长大，帮助父母减轻生活负担，照顾弟弟妹妹，给他们做榜样。

他很小就开始挣钱了，12 岁的时候，他就干过骑车送报纸的差事，后来又在本地餐厅打工。16 岁的时候，他在曼哈顿的成衣区里找了一份可以放学后去打工的活路，是为一个皮货商做工，拉拽动物的皮毛。这份可怕的工作让他的拇指上生出了厚厚的老茧。他还曾在一家运动鞋商店里度过了一个炎热的夏天，在编织工厂里用蒸汽处理纱线。

舒尔茨的妹妹罗妮和他年龄相近，也跟舒尔茨一样，吃了不少苦。不过弟弟迈克尔就相对幸运一些，弟弟出生的时候，舒尔茨已经 8 岁了，舒尔茨倾尽自己的全力去守护和照顾弟弟。舒尔茨走到哪儿，弟弟就跟到哪儿。舒尔茨给予了弟弟甚至于他们的父母都无法给予的关怀和照料。舒尔茨曾经叫自己的弟弟"影子"，他们俩形影不离。可以这么说，舒尔茨在弟弟迈克尔的生命中扮演的就是父亲的角色。

舒尔茨总是要把自己打工的部分收入交给母亲，虽然母亲从来没有对他提出过这样的要求，但是他必须要这么做，因为他感觉到父母亲为了这个家，真的生活得太艰辛了。

在舒尔茨成长的 20 世纪 50 年代到 60 年代初，人们依然在做着美国梦。所有人都觉得自己能够从美国梦中获得些什么，觉得能够实现自己的小小的梦想。舒尔茨的妈妈就反复在向舒尔茨灌输这样一种观点，虽然她是一个连高中都没有毕业的妇人，但是她很有见识，她最大的理想就是让她的三个孩子能够接受大学教育。不得不说，这是一个伟大的母亲，虽然她的力量很渺小，她只能尽自己所能给予三个孩子不那么富足的生活，但是她却在用她的信念坚定地指引着她的孩子们去接受大学教育，去改变自己的命运，去实现自己的梦想。

舒尔茨认为，他的妈妈是个聪明、有见识、做事有条理的人，她一直以来都是舒尔茨的榜样，她为人处世的方式也给了舒尔茨莫大的力量和极大的信心。她反复给舒尔茨举例子，她说既然这些名人都能成就一番事业，那么只要舒尔茨倾尽全力做好一件事情，那也一定会成功。她鼓励舒尔茨挑战自己，敢于把自己放在具有挑战性的位置上，并在此过程中不断战胜困难。舒尔茨也不知道母亲的这些信念是从哪里来的，因为看上去她自己也没有按照这样的信条来生活，但是她却由衷地希望她的子女能够获得成功，也许她是期望着子女能够不再像她一样为了生活而奔劳吧。

终于走出了布鲁克林

在舒尔茨的童年时代，他从来没有做过当老板的梦，他认识的唯一一个老板是他的叔叔比尔·法伯，他在布朗克斯区有一家小小的纸厂，还曾经雇过舒尔茨的父亲在那里做工。

那会儿的舒尔茨还不知道自己将来想要做什么，能够做什么，但他唯一可以确信地就是，他一定要摆脱父母的那种生活方式，他必须要离开父母生活的那种环境，离开廉租房，离开布鲁克林。在舒尔茨年少时期的一个晚上，他躺在床上，突然冒出了一个念头，如果他有一个水晶球，能够从里面看到自己的未来，那么未来的自己会是什么样子的呢？但是他马上打消了自己的这个念头，因为不知道为什么，他就是感觉水晶球里会有什么不利于他的东西，他怕会吓到自己。

渐渐的，少年舒尔茨看到了一条能够摆脱现状的出路，那就是体育。

舒尔茨是个天生的运动员，他为此觉得自己很幸运。不管是棒球、篮球，还是橄榄球，他都学得很快，并非常努力地想要成为一把好手。他还曾经把邻居的孩子们组成了一支篮球队和棒球队，那个队里什么样的孩子都有，黑人的孩子，犹太人的孩子，意大利人的孩子，孩子就是孩子，他们不在意什么种族，什么差异，他们只是那样快乐地生活在一起。

而看了电影《篮球梦》，也让舒尔茨颇受启发，这是一部讲述两个来自芝加哥贫民区的黑人少年追逐篮球梦的电影。舒尔茨和他的朋友们也觉得体育也许是可以让他们过上好日子的通行证。

上高中的时候，舒尔茨基本不做功课，因为他觉得在课堂上学的那些东西无法帮助他实现梦想，他经常在运动场上一待就是几天。

舒尔茨永远也忘不了他真正成为一名运动员的那一天，他领到了印着自己名字首字母的运动衫，在他眼里，这是一种至高无上的荣誉。但是，他的母亲竟然拿不出能够支付这件运动衫的钱，她让舒尔茨等一个星期，等他父亲领到工资了再来买这件衣服。

舒尔茨崩溃了。学校里每个人在规定的日子都必须要穿上这种运动衫，他不可能不穿上运动衫就出现在学校，但孝顺的舒尔茨也没有让母亲为难，他找朋友借了钱买了衣服，然后穿着去了学校。他还一直把这件运动衫藏起来，不想让父母知道，不想让他们难堪，等他们终于把运动衫的钱拿出来给了舒尔茨，舒尔茨才告诉了他们实情。

舒尔茨在上高中时成了橄榄球校队的四分卫，这在舒尔茨看来，是他高中时期的最大成功，这也让他成了卡西纳高中 5700 名学生中的名人。

学校很烂，连橄榄球场地都没有，所有的比赛都不像是比赛，舒尔茨所在的球队也很烂，但舒尔茨努力让自己成了其中较为出色的一个橄榄球运动员，而且就此迎来了人生中最重要的一个机遇。

一天，有人来舒尔茨所在的橄榄球队物色人选，舒尔茨压根儿不知道有人在那儿看他们比赛。几天后，他就接到了北密歇根大学的邀请信，他们想为自己的橄榄球队招募球员，问舒尔茨愿不愿意去，舒尔茨简直开心上了天，北密歇根大学给舒尔茨提供了橄榄球奖学金，这是他得到的唯一一份奖学金。如果没有这笔意外降临的奖学金，舒尔茨简直不知道自己如何才能实现母亲坚持让他上大学的梦想。

其实，舒尔茨能够得到这份奖学金也并不意外。

　　他从小就有对自己喜欢的事情便可以倾注所有的那种激情，他在年少的时候，对棒球就有一种激情。在那个时候的纽约，人人都对棒球有一种狂热，任何一场对话都是从棒球开始的，也是以棒球来结束的。那个时候的舒尔茨，就是扬基队的疯狂球迷，他的父亲带着他和弟弟看了无数场扬基队的比赛，米奇·曼托是舒尔茨的偶像，舒尔茨的球鞋上、球衣上，甚至任何东西上都有米奇的号码：7 号。

　　后来，舒尔茨把对棒球的热爱转移到了橄榄球上。他的这种对自己热爱的事情的执着和激情，推动着他一步一步摆脱糟糕的生活环境，推动他一步一步走向成功。

　　当他认定只有体育才能帮助他改变自己的命运的时候，他势必会用尽全力，一来，他本来就热爱体育，二来，他有一种非赢不可的心态。

　　机遇最终青睐了他，体育真的改变了他的命运，让他进入了大学。同样的事情也发生在了他弟弟身上——靠着体育改变了命运。当然，弟弟跟舒尔茨不同，舒尔茨当时有种孤注一掷的感觉，但是弟弟后来却或多或少得到了舒尔茨的帮助。总之，舒尔茨的弟弟迈克尔也成长为一名出色的运动员，还在他的职业生涯中取得了成功，舒尔茨非常为他的弟弟骄傲。

　　巧合的是，在舒尔茨走出布鲁克林的这一年，星巴克诞生了。

　　但那时候的舒尔茨还全然不知道星巴克的存在，连西雅图这座城市都离他很远很远，更是想象不到他未来会与这个企业和这个城市产生怎样的关联，演绎怎样的传奇，此刻的舒尔茨正在对他即将开始的大学生活充满期待。

努力之后的优渥生活

　　舒尔茨喜欢大学里自由自在的生活和充分开放的空间。

虽然一开始，他还是不可避免地觉得有些孤独和不合群。但是很快，他就交到了几个亲密的朋友。

上了大学以后，舒尔茨没有把体育坚持到底，他没有如愿成为一名优秀的橄榄球运动员。为了维持学业，他贷款，还靠兼职打工来负担自己的开销。他晚上在酒吧做过服务生，甚至还卖过血。但是总体上，舒尔茨的大学生活还是很快乐的，因为没有了太多生活的重压和负担，一切都在向着越来越好的方向发展。

虽然进入了大学，但舒尔茨无时无刻不在惦念着自己的家人。

在大学期间，他两次写信把弟弟迈克尔叫到学校来玩，有一年的母亲节，他还悄悄搭车回到纽约，给了妈妈一个大大的惊喜。

舒尔茨在大学所学的专业是传播学，主修一些公共讲演、人际沟通等课程，到了高年级的时候，因为开始思考自己未来的生计，他还选修了一些商务方面的课程。

四年后，舒尔茨成了家里第一个大学毕业生。对于舒尔茨的父母而言，得到了大学文凭的舒尔茨就是最大的奖赏。但是，当时的舒尔茨还没有找到明确的人生方向，没有人能够帮助他看到自己拥有的知识能够为自己带来什么价值。

所以舒尔茨一直对一件事情耿耿于怀，那就是如果能有人给他指点迷津的话，特别是在他年少时期，那么他就可以把自己一个人无依无靠摸索的迷茫期缩短，他肯定会有更大的作为。

1975 年舒尔茨大学毕业，他跟许多他的同龄人一样，不知道下一步要往哪里走，去做些什么。他选择不回纽约，就留在了密歇根，在密歇根的一家溜冰场工作。

因为没有老师，没有榜样，也没有遇到贵人来点拨他，他就只能花时间去思考他的人生下一步在哪里，却一直没有什么灵感。

一年之后，舒尔茨回到了纽约，在施乐公司的营销部门得到了一份工作。这是他事业上的一个小突破。在施乐公司，他的营销技能得到了培训和很好的锻炼，他先是进入了美国最好的销售培训学校——施乐公司花了1亿美元在弗吉尼亚州的里斯伯格建造的培训中心。舒尔茨在那里学到的知识远比他在大学时还多。

培训结束后，舒尔茨正式开始了销售工作，他在接下来的6个月里，每天打50个推销电话，还从纽约曼哈顿中城42街跑到了48街，从东河跑到第五大道，敲开许多办公室的门。

推销中的冷眼和拒绝反而被舒尔茨视为财富，他认为这激发了他即兴思考的能力，因此，销售这个活路挺吸引舒尔茨的，并且让他一直保持了幽默感和冒险精神，他努力去竞争，努力成为最出色的人，成为整个销售队伍里的佼佼者，他想赢，非常想赢。

所以他成功了。他成了施乐的全职销售员，穿着套装，上门推销，三年来挣了一笔相当可观的酬金。而且因为在工作中证明了自己，舒尔茨越干越自信，他还清了大学学费的贷款，还在格林威治村跟别人合租了一套公寓。他经常跟室友一起出游，过得非常开心。然后在1978年7月一次夏季海滩出游中，他遇见了雪莉·凯尔斯，也就是他未来的妻子。

一头飘逸的金发，浑身上下散发着活力和魅力，第一次见面，舒尔茨就被雪莉深深吸引住了。当时的雪莉还在研究生院读室内设计，她也是跟朋友们一起来海边玩。那时候的舒尔茨和雪莉，都是相当的年纪，并且都是刚刚开始了自己的职业生涯，所以他们有很多共同话题，他们开始约会，加深彼此的了解。

1979年的时候，舒尔茨渴望做更具有挑战性的工作，他的朋友向他推荐了一家名叫柏士德的瑞典公司，这家公司正在筹划为他们的汉默普拉斯特家庭辅助用品在美国建立分公司。在舒尔茨看来，这是一个让他兴奋的机遇，能够在一家公司从头干起。

柏士德雇用了舒尔茨，结束了在瑞典的 3 个月的培训后，他被派到一个专门销售建筑用品的部门，后来又被调到了北卡罗来纳，让他去卖厨房用品和家具。舒尔茨对这些东西丝毫不感兴趣，他忍受了漫长的 10 个月之后，下定决心要放弃这份工作，他打算到纽约去，跟雪莉在一起，还考虑再次回到学校深造。但是当他提出辞职之后，公司不但把他派到了纽约，而且提拔他当了汉默普拉斯特公司的副总裁和总经理。他负责公司在美国的运营，管理 20 个左右的独立销售代表，公司还给舒尔茨开出了 7.5 万美元的年薪，并给他配了车，以及一个开销账户和随意支配的差旅权限，其中包括一年 4 次前往斯德哥尔摩的费用，最关键的是，他销售的东西终于是他感兴趣的了：瑞典设计的风格鲜明的厨房设备和家具用品。

舒尔茨接受了这样的安排，并且把团队带得有声有色，因为本来他自己就是做销售出身，所以他懂得怎么管理销售团队，怎么促进销售业务，他很快就让他们公司的产品进入了美国高端零售商店，并设立了销售专柜。

舒尔茨就这样风风火火地干了三年。在他 28 岁的时候，他已经小有成就。他和雪莉搬到了曼哈顿上城东区，并在那儿买下了属于他们的第一套公寓。雪莉的工作也是渐入佳境，她为一家意大利家具制造商设计和制作家具。舒尔茨和雪莉的家，就是雪莉自己设计的，十分温馨。他们过上了好日子，经常去饭店吃饭，去剧场看演出，还邀请朋友来家里参加派对，他们甚至在汉普顿，那个他们初次相遇的海滩租了一个夏季度假屋。

舒尔茨的父母无法相信他这么快就过上了这么好的日子。这会儿距离舒尔茨大学毕业，才刚刚过去了六年，舒尔茨就已经在事业上小有成就，赚取了高薪，还买了房子，他过上了一种父母亲想都不敢想的生活，已经大大超出了他们对于舒尔茨的期盼。

遇见星巴克

可能很多人在过上了舒尔茨当时过上的生活之后，都会十分满足然后止步于此，但是舒尔茨没有。

他的心里总是隐隐觉得，这还不够，他还是在想，他的下一步应该怎么走，这样看似已经足够的生活，对于他而言，就是不够。

1981 年，还在为汉默普拉斯特工作的时候，舒尔茨注意到了一个现象，一个西雅图的小小零售商竟然订购了大批咖啡研磨机。舒尔茨随即做了调查，原来，订购咖啡机的是星巴克咖啡、茶和香料专卖店。当时的星巴克只有 4 家店铺，但他们购买咖啡研磨机的数量却超过了梅西百货公司。梅西百货公司可是美国著名的连锁百货公司，1924 年梅西百货公司在第七大道开张时曾被宣传为"世界最大商店"。

舒尔茨疑惑不解，为什么美国其他地方煮咖啡都是用电热滤煮机或者是滴滤机，而西雅图的这家零售商却用这种咖啡机呢？而且他们订购的机器上都有一种简单的装置，一个装在保温瓶上的塑料圆锥筒。

对此颇为好奇的舒尔茨有一天终于忍不住了，决定去这家公司实地看一看。

虽然工作了好几年的舒尔茨一直在频繁地出差，但是他还从未到过西雅图。

舒尔茨在一个晴朗的春天到达了西雅图，空气非常清爽，樱花和海棠花都含苞待放，香味儿扑鼻。星巴克当时的销售规划经理琳达·克劳斯曼来到舒尔茨入住的酒店跟他会面，还带他去了星巴克的旗舰店。

这最古老的一家星巴克店铺朴实无华，但是却很有个性。一个狭窄的店堂，有人正在入口处用小提琴演奏莫扎特的曲子，琴盒敞开着接受馈赠。推门的一瞬间，一股咖啡香味扑面而来，瞬间吸引了舒尔茨，他走了进去，发现那里面简直就是一个向咖啡致敬的殿堂，柜台上放着一罐罐来自世界各地的咖啡豆。这在那个时候简直独树一帜，因为大多数人都还以为咖啡是罐装的粉末，没有多少人知道咖啡是用咖啡豆研磨出来的，而这个店卖的就是用咖啡豆磨出来的咖啡粉。在墙的另一边，放着的就是汉默普拉斯特的咖啡机，有红、黄、黑三种颜色。

这时候，琳达开始说起为什么顾客喜欢那种保温瓶加圆锥筒的咖啡壶装置。"其实，有一部分享受来自仪式感。"琳达说，星巴克向顾客推荐人工煮制咖啡，因为电咖啡壶会让咖啡溢得到处都是，还会烘焦。

正聊着，星巴克店员舀出一些苏门答腊咖啡豆，研磨成粉，然后通过过滤网倒进圆柱里，再用热水冲，虽然这只是几分种的事情，但是他干得一气呵成，像是一种艺术表演。当店员把一大杯新鲜煮制的咖啡端给舒尔茨的时候，香气立马飘了过来，舒尔茨轻轻喝了一小口。

天哪，虽然只是喝了一小口，但是这绝对是舒尔茨喝过的最浓烈的咖啡，然后又喝了一口，再一口，咖啡溢满了口腔，舒尔茨品出了更多的味道，他对咖啡就此上瘾了。

舒尔茨像是发现了新大陆，相比之下，他以前喝过的那都不叫咖啡，充其量是加了很多水的咖啡水。他渴望了解更多关于咖啡的问题，舒尔茨在这家最古老的星巴克店里，仔细询问了那些来自世界各地的咖啡豆，以及不同的烘焙工艺等。

琳达还把舒尔茨带到了星巴克的烘焙工厂，在那里，舒尔茨见到了星巴克的老板：杰瑞·鲍德温和戈登·鲍克。

在进入工厂的那一刻，舒尔茨就闻到了一股烘焙咖啡的奇妙芳香，香气弥漫了整个车间。车间中央，是一台厚重的烘焙设备，也就是烘焙咖啡豆的机器。舒尔茨很惊讶，这个看似不大的机器竟然能够满足 4 家星巴克咖啡店的需求。一个烘焙工人正在烘焙咖啡豆，他从机器里抽出一个被他称为"试勺"的金属大勺，检查着里面的咖啡豆，嗅一嗅，然后又插回去。他解释说这是在检查色泽，顺便听一下声音，听听咖啡豆是不是"噗、噗"爆破了两次，以防烘焦。然后突然一阵噼里啪啦的闷响，烘焙工人打开机器的盖子，把一堆热烘烘、闪闪发亮的咖啡豆倒进浅盘中晾着，一股咖啡香气把舒尔茨包围了，这是他闻到过的最香的咖啡，他被深深地打动了。

他和星巴克的老板聊了起来。杰瑞是总裁，但他穿着很随意，长得也帅，一头黑发，他谦和有礼同时对咖啡有股极大的热情，这让舒尔茨马上对他颇生好感。他告诉舒尔茨，他从事的是指导顾客如何享受世界一流的咖啡，以及如何烘焙和烹煮咖啡的事业。"这是从爪哇运过来的新鲜咖啡豆，并且刚刚烘焙出来，咱们来尝尝吧。"开始在自己的办公室里煮起咖啡，用一个他说是法国制造的玻璃壶，他轻轻地把压滤柄压向底部的咖啡豆，然后倒出了第一杯咖啡。这个时候，杰瑞的合伙人戈登也来了，他们和舒尔茨一起喝咖啡。

让舒尔茨惊奇的是，这两个人怎么会如此专注于咖啡这项事业。他们在 10 年前就建立了星巴克，现在两人估计都有将近 40 岁了，他们的合伙人关系可以追溯到 20 世纪 60 年代在旧金山大学做室友期间。

但是两个人看上去很不一样，杰瑞比较内敛而拘谨，戈登则颇具艺术气质，两个人都对咖啡很狂热。杰瑞负责运营星巴克，戈登除了一部分时间花在星巴克上，另一部分时间用于广告和商店设计上。

舒尔茨被完全迷住了，这是一种他前所未见的文化形态，就像是在他面前展现出了一个全新的世界，他渴望进入，他看到了很多的可能性和很多可以拓展的空间。

舒尔茨稍后就给雪莉打了一个电话。"我知道我接下来该怎样生活了，我终于不迷茫了，我终于找到了，我要来西雅图，我要带你一起来。"

至此，舒尔茨终于找到了那个他一直冥冥之中渴望寻找的东西，他感觉到，这可能就是他将要为之奋斗终生的事情了。

母亲的不理解

从西雅图回来之后，舒尔茨沉浸其中无法自拔，时时刻刻都在想着星巴克，虽然星巴克的规模比不上他在纽约所供职的跨国公司，但是却那么诱人，他觉得他有太多事情可以为星巴克做了。

之后，杰瑞和他的妻子一起来纽约，舒尔茨和雪莉还约着他们一起吃饭，相处得很愉快。舒尔茨终于说出了自己心中的渴望。"你觉得我可以跟星巴克合作吗？"那个时候，杰瑞也正在考虑雇用一个市场营销方面的高管，所以开始认真考虑和舒尔茨的可能性，两个人还就如何提升星巴克的营销进行了探讨。

然而，舒尔茨要想加入星巴克，其实没有那么简单。

虽然杰瑞颇为心动，但是星巴克的另外几个管理人员却很不安，他们认为引入一个感觉上很强势的纽约人太冒险了，如果这个人的价值观跟公司不一样，那实在风险太大。

舒尔茨前前后后花了一年的时间，一直在说服杰瑞。但同时，他也为自己的这一想法感到震惊，因为加入星巴克意味着放弃现在的一切，现在的 7.5 万年薪的收入，还有车子和公寓，就为了搬迁到 3000 英里外的西雅图，投身一个只有 5 家店铺的小公司。

舒尔茨的朋友和家人都觉得舒尔茨这是疯了，极不明智。舒尔茨的母亲更是无法理解，十分忧虑。"你干得好好的，为什么要去那个谁也没有听说过的小公司折腾呢。"

舒尔茨仍不甘心，他又跑去西雅图好多次，每次都和杰瑞混在一起，对他软磨硬泡。但好在每一次他们俩都相谈甚欢，各自聊着对星巴克的理解和想法，以此加深对对方的了解。

舒尔茨还坚定地认为，星巴克的咖啡一定可以卖到西雅图以外的地方去。虽然当时他还不认为自己具备做一个大企业家的能力，但是他却觉得他能够使星巴克发展壮大。

雪莉支持舒尔茨的想法，那个时候，舒尔茨和雪莉正在准备结婚，雪莉看到了舒尔茨对星巴克和西雅图是何等的兴奋，尽管去西雅图对她的设计师职业生涯没有益处，但是为了舒尔茨，她还是做好了随时离开纽约、定居西雅图的准备。

1982 年的春天，在终于说服了杰瑞之后，舒尔茨去旧金山跟杰瑞和戈登的合伙人见面，在舒尔茨侃侃而谈对星巴克未来的憧憬并觉得自己肯定能够拿下这份工作之后，舒尔茨却失败了。杰瑞他们还是觉得太冒险了，怕舒尔茨的热情和在他们看来的异想天开搅乱了他们所期望的星巴克应该发展的方向。

舒尔茨陷入了绝望，但却还是不愿意放弃，他又给杰瑞打了一通电话，他说，如果星巴克不选择他，那就是犯了一个很可怕的错误，他是一个不可多得的人才，而且对星巴克极有热情，他一定能够帮助杰瑞实现他所期望的星巴克的那些愿景。在度过了一个难熬的无眠之夜后，杰瑞终于想通了，给了舒尔茨在星巴克工作的机会。

他高兴得简直要上天了。一个全新的世界在他面前打开了。虽然舒尔茨放弃了高薪，到星巴克去大幅削减了他当时的薪水，但是杰瑞给了他一小部分股权，这样一来，舒尔茨认为，他与星巴克共命运了，他将为了星巴克的发展贡献他所有的力量。

既然终于得到了这个梦寐以求的机会，舒尔茨毫不犹豫地开始行动起来，雪莉是他的唯一牵绊，但好在，雪莉一直百分之百支持他，虽然离开纽约对雪莉的职业来说，是一种牺牲，因为纽约的室内设计一直以来就是世界的中心，而西雅图在这方面就差远了，但她却毫不犹豫地选择支持舒尔茨，搬到那个离纽约 3000 英里的地方去。

因此，在两个人一起出发去西雅图前，他们又一次回到汉普顿的夏季小别墅，也就是他们初次见面的地方，7 月，他们结婚了，然后开始打包行李，带着所有东西和他们的金毛狗，准备在 8 月中旬驱车 3000 英里抵达西雅图。

而就在所有东西都装到了车上，第二天就要出发的时候，舒尔茨接到了母亲的电话并得知了一个坏消息：舒尔茨的父亲得了肺癌，估计最多再活一年。舒尔茨的心情立刻沉重下来，那时，他的父亲只有 60 岁，而舒尔茨的弟弟迈克尔还在上大学，这个病离不开人，需要母亲无微不至的照顾，如果舒尔茨走了，离开纽约了，母亲一个人能扛下来吗？

生活总是这样，会有很多让人无奈的时刻。就在万事俱备，舒尔茨已经做好了所有要在 9 月开始在西雅图星巴克工作的准备之时，家里发生了如此巨变，舒尔茨开始犹豫，他到底还要不要离开纽约。

一家人商量的结果是，他必须走。他去医院看了爸爸，跟他道别。因为这一走，就不知什么时候，也不知道还能否再见到。母亲坐在舒尔茨的旁边，无声地哭泣着。其实不用想都知道，这时候舒尔茨的母亲心里是没有底儿的，十分害怕，更何况，她之前还那般反对过舒尔茨去星巴克工作。但现在，母亲坚毅的一面表现出来了，她还是选择了无条件支持舒尔茨。她和舒尔茨还进行了一场此前从未有过的交心的谈话。

"你走吧，去西雅图吧，你和雪莉在那儿开始新的生活，这里的事情，有我呢，我们能应付。"舒尔茨的妈妈说。

"我不知道该怎么做。"舒尔茨无助地说。

"你必须走。"妈妈坚定地说。

电梯来了，舒尔茨的母亲把他送上电梯，拥抱了他，然后再次坚定地说，"你必须走。"

舒尔茨走进电梯，看见妈妈哭肿的面庞由于强忍着巨大的悲痛而涨得通红，就在这时，她看见了舒尔茨在看她，还勇敢地想要对舒尔茨笑一下。电梯门一关上，舒尔茨就崩溃了。

在舒尔茨和雪莉前往西雅图的这一路上，他的心情都十分沉重，他们每到一个地方就给家里打电话，后来直到知道父亲的病情比他们预想的还要好一些，他们才稍微放下心来，开始全力以赴在西雅图的新生活。

父亲逝世

一直以来，舒尔茨对父亲的感情都十分复杂。

在 1982 年得知父亲患癌但他却不得不离开纽约去西雅图的那一天，坐在父亲的病床前，握着他的手，复杂的情绪又涌上了心头。

他有一种难以抑制的悲伤和无法排遣的痛楚。痛楚是一直以来都有的，舒尔茨认为父亲从来没有给家人带来过好日子，他做了一辈子不用动脑筋的苦力活儿，还总是对制度不满，他从来没有真正掌握过自己的命运，所以也更无从谈起去为他的家人带来更好的命运，但让舒尔茨悲伤不已的是，现在，他的生命也许就要这样终止了。

舒尔茨对于父亲无法给家人带来好的生活，一直都是很痛苦的，甚至还很不理解，乃至埋怨。

但是，这样的埋怨和痛苦在父亲得病以后，慢慢在消解。

自 1987 年开始，父亲的肺癌恶化了。舒尔茨一直用电话跟父亲保持联系，并且一有空就会纽约看他。母亲也一直在医院照顾父亲，有了子女三人的帮衬，她也不用再去做前台接待的工作了。

1988 年 1 月，舒尔茨接到母亲打来的紧急电话，毕竟对于这一天的到来，舒尔茨已经做了 5 年多的准备了，但在真正到来的那一刻，舒尔茨的心还是痛苦地绞在了一起。他立马飞回纽约，好在，见到了父亲的最后一面。坐在父亲的病床前，舒尔茨想起来小时候父亲教他打棒球和橄榄球的情景。

舒尔茨一直对父亲的生活感到遗憾，而现在，这种情绪里又夹杂着失落和悲伤。对舒尔茨来说，最悲惨和遗憾的是，父亲离世就意味着他没法亲眼见到他的成功了。舒尔茨永远也无法让父亲看见星巴克的发展壮大了，如果他能够看到星巴克现在的样子，他绝对不会相信这一切是真的。

在父亲去世后不久的某一天，舒尔茨对他童年时期的一个好朋友抒发过自己对于父亲错综复杂的感情。他的好朋友说，"你还是应该感谢你的父亲，如果你的爸爸是一个成功的人，那么你也许就不会有今天这样去奋斗的动力了。"

舒尔茨认为他的好朋友说得很对。驱使他一直以来努力的部分原因就是因为害怕失败，害怕在生活面前一败涂地，因为他太熟悉面对失败的滋味了。

在父亲去世之后，舒尔茨才慢慢化解了内心的痛苦，他开始去尊重父亲曾经为这个家庭做过的事情，付出过的努力，而不再为了父亲没有达到让全家人过上好日子的目标而遗憾和难过，毕竟努力过了，也的确尽到了自己最大的努力。

但是在父亲尚未离开之前，舒尔茨没能亲口表达对他的理解，这成了他最大的遗憾。他觉得自己不应该去责备父亲没能超越自身的能力去争取成功。他认为，这是美国的错，在这个人人做着美国梦的梦想之地，一个像他父亲那样努力的人却得不到尊严，过不上一种受人尊敬的生活。

这样一种理解，也被舒尔茨注入到了对星巴克的运营和发展之中。他要建立一个让每一个员工都能得到尊重的企业，一个他父亲从未有幸加入过的企业。他要在星巴克内部，去解决员工缺乏安全感和尊严的问题，彻底解决。父亲去世之后，他想对星巴克的员工就建立彼此之间的信任关系去做点什么。他也的确做了这么几件至今都让人们对星巴克津津乐道的事情。

首先一个，星巴克的医疗保险覆盖了那些一周工作超过 24 小时的兼职员工。舒尔茨想要把员工当成家人，让他们得到安全感，让他们获得尊严。这样一来，星巴克的医疗保险计划成了公司很大的一笔开支，星巴克在这方面的费用远远超过了大多数跟星巴克同等规模的公司。但毫无疑问，星巴克的这份投资也得到了很大的回报，星巴克的人员流动率大大低于同类型企业。而且就因为这个医疗保险计划，在 1994 年，舒尔茨还得到了时任美国总统克林顿的接见。在会见的间隙，舒尔茨还要求使用电话，给他在布鲁克林的母亲打了一通电话。"妈妈，我现在在白宫给你打电话。"那一刻的舒尔茨，特别希望他的父亲也还活着，因为，他所做的这些其实都是从父亲那里获得的启发和激励。

舒尔茨做的第二件事，就是让每一个星巴克雇员都能持有星巴克的股票。1990 年，也是在星巴克盈利的第一个年头，星巴克开始发行"咖啡豆股票"，这是舒尔茨给星巴克的股票期权计划取的名字，因为这个计划的推行，星巴克所有的雇员都成了星巴克的合伙人。也因为这个计划，星巴克成为企业界中独树一帜的标杆。

大家都在为星巴克的这些独树一帜的做法而津津乐道。舒尔茨则特别希望星巴克能是他父亲工作过的公司，虽然没有高学历，也许不能成为一个业务主管，但是他可以在星巴克店铺或者工厂里做一份儿工作，可以得到医疗保险和股票期权，在这样良好的环境中工作，不会被排挤，他的建议能够得到善意的反馈。总之，如果父亲在星巴克工作，他会得到尊严，他会认为自己的努力是会有回报的，是有价值的，他不会再怨天尤人，他会拥有更加乐观、积极的人生，而这样的人生也势必会给他的家人带来更多欢乐和幸福。

就是抱着这样的想法，舒尔茨把星巴克变成了这世界上或许最独一无二的公司，这个公司对所有的员工真诚以待，拥有最能够凝聚人心的力量，这个公司的每一个员工都真真正正地拥有美国梦，因为在星巴克，只要努力，就一定能够梦想成真。舒尔茨成了星巴克员工的造梦者。怎么说呢，或许这一切都得益于他的父亲，这个不怎么正面，甚至是个坏榜样带来的力量。一直以来，在舒尔茨心中那个拥有负面形象的父亲，其实一直在给他施予一种正面影响和正面效应。

反向指引也许更有力量

舒尔茨在自传《将心注入》和《一路向前》中，多次提到自己在童年、少年乃至工作了以后，都没有一个良师益友，能够为他指点迷津，引领他前行。这使得他迷茫了很多年，也使得他一直以来都不得不依靠自己的摸索和领悟向前走。

这样的缺憾一定程度上源自他的家庭和父母。

舒尔茨的父母亲一直在疲于应对生活中的各种艰辛，因此没有太多时间和精力去给予舒尔茨精神上的引领，其实，就算有时间和精力，舒尔茨的父母可能也给不了他想要的那种指引。

但这又如何呢，缺失了这样一种指引，舒尔茨还是一样在自己的摸索和感悟中奋斗成功了，也可能正是因为缺失了这样的指引，舒尔茨能够更加清楚地明白自己想要的到底是什么，虽然多用了一些时间，但是最终他还是会走上自己最想要走的那条路。

而且，舒尔茨的父母也不是没有指引他，舒尔茨的父母恰恰是给了他一种反方向的指引。这种指引，无形中也影响着舒尔茨，甚至在星巴克多个决定性的关头，都或多或少影响着他的决定，也影响着星巴克的发展走向。

比如，就在星巴克一切步入正轨，舒尔茨退居二线六七年之后，2006年年末至2007年年初的这段时间，苹果公司推出了第一台iPhone，谷歌以12亿美元收购了YouTube，一家名叫Facebook的网站诞生，仅数月就有了几百万用户。在这个日新月异不断变化的时代，星巴克却因为快速扩张，逐步丧失了自己的传统优势而陷入了危机。舒尔茨明白，星巴克不能继续守着门店，守着已有的成绩过活，星巴克需要变革。

2008年1月，舒尔茨决定重返星巴克，这是舒尔茨从来没曾想过的回归，他不知道等待着他的会是什么，他彻夜难眠，而这个时候，他又不断地回想起他的父亲和母亲，特别是他的父亲，正是父亲一辈子的悲剧激励了年轻时候的舒尔茨去追求自己的梦想。现在，再次担任星巴克的CEO无疑又是一个新的起点，舒尔茨不会退缩，这是一个花费了他大量心血建立的全新的公司，一个他的父亲从来没有机会就职的公司，舒尔茨无法抛弃，无法抛弃星巴克千千万万的伙伴，他要带领他们克服困难，重振辉煌。

在舒尔茨努力下，星巴克止住了下滑的趋势，重新保持着较高速度的增长，同时，舒尔茨一直为之努力的星巴克全球化战略也取得了斐然的成绩。现在，在中国众多一、二线城市，喝一杯星巴克都已成为一种时尚的生活方式。星巴克目前已经走进全世界近70个国家，开设了2万余家门店了。舒尔茨再一次成功了。

舒尔茨的父母也许做梦都不会想到，舒尔茨能够取得如此成就，而且这样的成就是在他们悲苦一生的反向指引下取得的。

所以，反面教材不可怕，反向指引也不可怕，如果能把反面教材和反向指引利用好，就像舒尔茨这样，那么，成功也许就在不远处了。

第五章

孙正义：
家族给予他渴求成功的最原始动能

人物名片：

孙正义

1957 年出生于日本的孙正义是国际知名投资人，也是软件银行集团的董事长兼总裁。

1978 年，孙正义毕业于美国加州大学伯克利分校。

1981 年，孙正义创建软银集团，并让其在短短 33 年间成了一个信息技术帝国。美国《商业周刊》杂志把孙正义称为电子时代大帝。

2014 年 9 月 16 日，随着阿里巴巴登陆美股市场，孙正义的财富净值涨至 166 亿美元，跻身日本首富。2016 年 3 月起，担任全球能源互联网发展合作组织副主席。

父亲：孙三宪
母亲：李玉子

在互联网世界，有一个造梦人，他成就了无数有志青年的互联网梦想。阿里巴巴、新浪、网易……国内众多知名 IT 企业都与他有着不解之缘。为他人造梦，为的也是实现自己的梦想，野心十足的他，渴望拿下整个互联网世界。

他，就是韩裔日本企业家，孙正义，大名鼎鼎的日本软银公司的缔造者。他还凭借自己"赌徒"般的独到眼光，投资了无数互联网企业，把握着当今互联网经济的脉搏，也由此拥有了亿万身家。

而第一个看出孙正义能成就如此不凡的人，就是他的父亲孙三宪。他在孙正义还在读幼儿园的时候，就半开玩笑地对他说："你是个天才。"其实，这并不是孙三宪的玩笑话。"这孩子与众不同，是上天的恩赐。"孙三宪不止一次这样在心里告诉自己，由此，他打定主意要好好培养孙正义，并在孙正义成长期间多次做出让常人无法理解的举动和决定的时候，报以充分的理解和难能可贵的坚定支持。

父亲一直以来的支持，以及父母亲勤勤恳恳地工作，力求为一家人谋得更好生活的态度和生存方式，深深影响了孙正义，他立志要让这个从祖父一代开始迁移到日本，尚未在日本社会站稳脚跟的韩裔家族过上更好的生活，这种源自改变家族命运的发自内心的深切渴望，可能就是推动孙正义成功的最原始动能。

出生的屋子连门牌号都没有

孙正义的祖父孙钟庆生于韩国大邱，孙钟庆在 18 岁的时候漂洋过海来到日本九州，先在煤矿上打工，后来成为佃农，住在佐贺县鸟栖市。

而来自韩国江原道的孙正义的祖母李元照则是在她 14 岁的时候来到

日本，嫁给了孙正义的爷爷孙钟庆。

根据家谱记载，孙家的历史还是颇为辉煌的。先祖可以追溯到高丽将军孙干，可以说是将门之后，而孙家的后代中也不乏优秀的人才，有不少做过武将和学者的。祖母李元照也是出身名门望族，后来是因为给朋友做借款担保，李家才破产没落了。

孙正义的奶奶李元照来到日本的时候爆发了第二次世界大战，那是一段饥寒交迫的困难日子。14岁，也还是个孩子，孙正义的奶奶孤身一人嫁到了没有一个亲戚的地方。而且由于是韩国国籍，奶奶李元照日本话说得也不好。当时的日子得过得有多苦、多迷茫啊。爷爷也是从中学时候就辍学工作了，靠在煤矿上打工维生。

两人婚后育有7个子女，长子三宪就是孙正义的父亲。祖父母和父母为了生存和养育儿女，工作都异常努力。就在这其中，孙正义出生了。那是1957年8月。

孙正义出生在鸟栖市的韩国人聚集村，在家中四兄弟中排行老二。聚集村，顾名思义聚集了一批二战前便来到日本讨生活的韩国人、朝鲜人，他们居住在临时搭建的木板房里，连门牌号都没有。

也就是因为如此，孙正义户籍的原籍就写着"无原籍"。是啊，出生在铁道边上的公共空间里搭建的木板房中，这户籍地该如何确认呢？

但好在，父母拼了命地勤奋工作，正在慢慢改变这个新移民家庭卑微的出身。

鸟栖市没有知名的产业，是一个以农业为主的安静的小镇。孙正义的父亲孙三宪卖过鱼、养过猪，还酿过酒，拼命地辛苦劳作。后来，通过经营游戏厅、餐饮业和不动产，孙三宪积累了一些资本，奠定了孙家一家的经济基础。

"不仅爸爸如此，妈妈也是日复一日地辛勤工作着。"直到现在，孙正义的脑海里还会经常浮现出在鸟栖度过的童年岁月。

因为爸爸妈妈忙于辛苦打拼，所以幼年的孙正义是奶奶呵护长大的，他那时每天坐在祖母李元照的拖车上，到附近去搜集剩饭来喂猪。"坐在上面滑溜溜的，还常有酸酸的饭馊味儿一阵阵飘来。有时候车子要下坡了，很滑，祖母会大喊'抓紧了'，然后拼命在前面拉着车，我也要努力地抓住车身才不至于掉下来"。不只是奶奶用拖车到处搜集猪食辛苦劳作的身影会时常浮现在孙正义的眼前，奶奶时不时对他说的只言片语也让孙正义印象深刻，甚至帮他树立了一些影响其一生的人生观和价值观。

比如，那时候，祖母会问孙正义："你知道真正的贫穷是什么吗？"小正义摇摇头，祖母说："真正的贫穷不是生活不舒适，而是从来没有想过贫穷这件事。"从小目睹着祖父祖母、父母辛苦劳作的孙正义，从此便暗暗发誓："总有一天，我会让一家人过上舒适的生活。摆脱这种艰辛的生活状态。"

"让全家人过上好日子。"移民家族悲苦的命运从小就催生了孙正义内心对成功最原始的渴望。

父亲发现这孩子是个天才

在父亲三宪看来，儿子是一个怎样的人？

"正义"这个名字就是三宪取的，其中寄托了他的期望：成为坚持正义的人。

有一次，正义不知道因为什么原因顶撞了奶奶，父亲训斥他："正义，不许顶嘴！没有奶奶的话，你还不知道在哪儿呢。"

"好，我不对奶奶这样了，但是爸爸顶嘴也是不对的吧？爸爸也顶撞过奶奶不是吗？"

三宪含含糊糊打算蒙混过关。正义却穷追不舍。

等父亲回过神来，才看见一直站在自己身后不依不饶的正义已是泪流满面，但依然绷着个脸，像块石头一样伫立在那儿，坚硬不屈。

"天哪。"三宪感叹，这孩子莫非真是上天的恩赐？

从此以后，父亲三宪越发觉得，这孩子绝不仅仅属于自己，属于这个家庭，他是属于这个社会的，他是为了这个社会而生的。

孙三宪下定决心要好好栽培正义。

三宪也曾半开玩笑地对正义说过："你是个天才。"三宪是真的觉得正义和别的孩子不一样，这种不一样不仅体现在性格方面，反正就是感觉这孩子从一开始，追求的东西就跟别人不一样。这也不全是做父母的偏爱和盲目，正义更是毫不怀疑自己是个天才。

总之，话一旦说出了口，就要更加坚定地向前奋进。

为了培养孙正义，让孙正义接受到更好的教育，全家人不惜搬了两次家，第一次，是孙正义考进北九州市引野小学时，全家搬离了鸟栖市。第二次是上初中的时候，为了让孙正义升入教育水平更高的学校，全家又搬到了福冈。

虽然从小因为父母忙于工作养家不经常在家，小正义是由祖父母一手拉扯大的，但是，孙正义性格中一些很重要的东西，还是传承于父亲三宪。父亲三宪性格乐观开朗，行事不拘小节。同时，孙三宪还颇为自负，总认为自己与众不同，要过和别人不一样的生活，要实现自己的人生价值，在这些方面，正义受到了父亲的影响。

孙正义还传承了父亲创造性的基因，不管是多么小的事情，都会想尽办法做到跟别人不一样。

孙三宪法从一无所有开始奋斗，渐渐地干出了一番事业。孙正义对父亲是非常尊敬的，还宣称自己是 1.5 代。虽然传承父亲家业的第二代并不是他，但是他还是从父亲那里继承到了很多无价的财富，孙三宪也为自己这个名叫正义的儿子感到无比骄傲。"就像你的名字一样，只要做正确的事，就一定会有好报"。

韩裔身份是童年的一大烦恼

孙正义还有一个名字，叫安本正义。并且，是安本正义这个名字伴随了他的整个童年。

到底是孙正义还是安本正义？这也是贯穿孙正义整个童年时代最让他为之困惑的身份谜题。

孙正义是奶奶一手带大的，但是在孙正义有一天上完幼儿园之后，让他如此喜爱的奶奶却变得可恶起来。

"韩国，韩国。"

跟孙正义同在一个幼儿园，比他年长几岁的男孩向他扔石头，正好打中他的额头，瞬间鲜血四溅。

"为什么？"幼小的孙正义困惑了。他不明白，这种无来由、不合理的歧视，让他无论如何都理解不了。他听人说祖父母是从韩国来的，那又怎么样呢？

日本虽然是异国他乡，但是祖父母每天都在勤勤恳恳地工作，并且心怀感激，多么善良又伟大的人啊，为什么要因为他们来自韩国就羞辱他们？为什么不能在日本人面前昂首挺胸，光明正大地告诉他们，我们来自韩国？

但是，为了不让家里人伤心，年幼的孙正义把这些困惑，包括自己在幼儿园被欺负的事情都埋在了自己心里，但奶奶是"泡菜"，也就是韩国人这件事的确让孙正义陷入了巨大的痛苦之中。

孙正义只能忍气吞声地以"安本正义"的名字继续生活，而且为了不再引来不必要的麻烦，孙正义还不得不掩盖自己韩国人的身份，这也让他久久不能释怀。于是，小小年纪的孙正义只能把这些他无法理解的痛苦发泄到无辜的奶奶身上，他变得很讨厌奶奶，并且刻意躲着她。

韩裔的身份之所以让孙正义这么痛苦还有一个原因。那就是在他去北九州市立引野小学上学之后，他遇见了尽职尽责的班主任三上乔老师，受到三上老师的影响，孙正义梦想成为一名跟三上一样的小学老师。

他随即告诉了父母自己的这个梦想。"我要做一名小学老师。"

"这很难啊。"父亲直言不讳地说。"教师是公务员，你没有日本国籍，所以当不了老师。"

只是教育孩子，跟国籍有什么关系呢？正义不明白。父母面露难色，是啊，这个问题太难回答了，因为这本就不是个人的问题了，超出了父母可以回答的范畴。

"那我就加入日本籍吧。"孙正义还不想放弃。

"正义，也许你自己还没有意识到，但是，在爸爸眼里，你可是个天才，当个小学老师固然让人尊敬，但是你难道就没有别的追求了吗？你的命运绝对不止如此简单，你可以为你未知的命运开创更多的可能性啊。"爸爸的话一时也没有让正义好起来，那时一门心思想做老师的他，是怎么都听不进去劝的，他甚至赌气，一个星期都没有跟爸爸讲话。

但孙正义就是孙正义，他总会凭借自己不凡的意志来战胜自己内心的惶惑和不甘愿。

等到慢慢长大，上了初中，正义的孩子气消退了，其性格中坚定、坚毅的气概逐步展现出来了。直言不讳地指出老师的错误，在老师面前理直气壮、坚持己见；毫不犹豫地出手英雄救美搭救女同学，不惜自己被揍，都是孙正义在初中时期干出来的事。

而临近初中毕业，他却再也平静不下来了，他决定在初中毕业那一天，解开郁结在自己心中多年的疙瘩。

正义趁和几个要好的朋友外出游玩的机会，终于开了口："那个，我以前从来没有告诉过你们，现在也很犹豫该不该告诉你们……其实，我是韩国人。"

正义一字一顿，坚定地说，我是害怕你们知道了以后就不跟我做朋友了，所以现在才告诉你们，对不起了。朋友们心底受到了很大的触动，但是谁都没有说话。

但从此，孙正义的心结解开了，他再也不为自己是韩国人而自卑、苦恼。卸下来心里包袱的少年孙正义，从此轻装上阵，所向披靡。

帮父亲创业展露企业家潜质

放弃了当老师的孙正义还在积极探寻自己的内心，希望通过开发自己别的兴趣爱好，早日找到自己可以奋斗终生的职业方向。

少年时充满了梦想的孙正义还想过成为画家、诗人、政治家、企业家等。说到画画，即便到了现在，孙正义还经常会在会议室的白板上画一些漫画人物，而且还会被其他人表扬说画得不错。如果说画画是兴趣爱好，那么想要成为政治家则是源于移民家庭的切身经历。只要是饱受过差别化对待的第 1 代、第 2 代，尤其是第 3 代在日本生活的韩国同胞，大概都曾想过要成为一个政治家吧。当然，不乏浪漫情怀的少年孙正义还觉得，诗人也是个非常不错的职业。

但脚踏实地的孙正义还是在这些梦想中选择了一个最好实现，也是更符合自己心性的职业目标，那就是成为企业家。

年纪轻轻的孙正义也已经体现出了自己在这方面的天赋。12 岁那年，多亏了父母拼死拼活了多年的辛勤劳作，孙家一家刚刚立住了脚。父亲做着这样那样的生意，某一天，突然意外地开了一家小咖啡馆。12 岁的孙正义却不看好这桩生意。因为咖啡馆距离电车站非常远，并且也不是在繁华街道，连供应咖啡原料的公司都不乐意给他们供货。

虽然孙正义当时觉得这个咖啡馆根本就没办法好好营业，但他还是想了各种天马行空的点子，去帮助咖啡馆步入正轨。孙正义对爸爸说："咱们做免费咖啡券在车站前发怎么样？"爸爸当然说："小孩子可不要乱说话，什么都不懂。"但孙正义就是孙正义，他是不会被爸爸的话劝退的，他坚持做好了 1000 张免费咖啡券并分发给了路人。在招待咖啡供应商的那天，咖啡店由于免费券的缘故，刚好人山人海，大吃一惊的供应商们妥协了，并开始以非常低的价格给父亲的咖啡馆供应物品了。虽然初期投入的成本比较高，但没过多久就收回了所有的投资。生意越做越好，几年后，孙正义和父亲还以很高的价格把这个咖啡店卖给了别人。

孙正义并不满足于帮助父亲经营咖啡馆。通过重重困难，终于升入福冈久留米大学附属高中的他，从一进入高中便开始跃跃欲试，急切地想要开创属于自己的第一个生意。

而源于一直以来对教师的好感和对教育事业的醉心，孙正义想要做的第一个生意，是开一间学校。

"老师，我想建个学校，你能帮我吗？"孙正义找到自己中学学校的阿部逸郎老师，开门见山。

阿部老师一头雾水："建个学校？"

"我连教学计划什么的都想好了。"正义递给阿部老师一张纸，"我现在需要踏实可靠的老师，因为我不能当老师，所以想请您帮忙。"

正义的表情很是认真，不像是在开玩笑。"不好意思，请问一下，老师你现在的工资是多少？"孙正义承诺要给阿部 2—3 倍于现在的工资。

这孩子疯了吗？阿部彻底惊呆了，一个刚入学的新生，对自己说这些话，作为老师，应该如何回应呢？

当时的阿部老师不知道的是，孙正义也已经找校长原巳冬聊过了，孙正义是认真的。原巳冬长期担任县立高中的校长，在全县也是个名人，孙正义竟然也想要公开"挖"校长给自己打工，原巳冬自然是对他一阵训斥。

从这件事更是可以充分体现出孙正义成为企业家的潜质和魄力。

是啊，刚上高中的孙正义此时天天想的就是，日本人成长的常规路径是上3年高中，再上4年大学，这样好像是不错，但是作为韩国人，我应该怎么做呢？

创业！孙正义听到了自己内心给出的答案。

找校长和阿部老师并不是冲动之举，正义一直热心于教育事业，所以想着建个培训学校也许不错。他也不是纸上谈兵，他做过市场调查，觉得在这个片区开学校应该有利可图，才决定迈出这一步。

他还把自己的想法告诉了同学三木猛义的妈妈利子。"阿姨，我想在这儿附近建个学校，你能帮我吗？"

利子怎么也无法理解正义，开学校不能等大学毕业以后再做吗？虽然利子不赞成正义的想法，还训斥了他几句，但是这个少年闪闪发光的眼睛却深深感染了她。

这下，可不仅是孙正义的爸爸三宪觉得孙正义与众不同了，利子也在心中嘀咕："这孩子有些不一样。"

罹患重病的父亲依然支持孙正义赴美留学

无忧无虑的高中时光没过多久，孙正义的家里就出了变故。父亲突然吐血倒下了，父亲的病倒让这个刚刚能够过上好日子的家庭又一次陷入危机。比孙正义大一岁的哥哥为了尽长子的责任从高中退学了，他和母亲一起维持家庭的生计并支付父亲的住院费。

看着家庭再一次陷入危机，孙正义的心里也非常着急。他当时就下定了决心，无论用什么办法一定要让自己的家庭从困境中摆脱出去。就在那时，他遇到了精神偶像坂本龙马。

孙正义一直很崇拜日本战国时代的武将，而且听祖父说过，孙家祖先是高丽将军孙干，正义就对韩国历史和日本历史都非常感兴趣。

这其中，孙正义最喜欢的人物，是幕府末期维新志士坂本龙马。孙正义反复阅读描绘坂本龙马波澜壮阔一生的著作《龙马奔走》，这样一部有5卷之多的大部头，被他至少精读了3遍。

与精神偶像坂本龙马的相遇，更让孙正义确定了自己想要成为企业家的决心。

在幕府时期，坂本龙马把自己的一生押在了政治上，但是现在的日本，政治远不如当年有活力，如果坂本龙马生在现在，肯定也会选择拼命创业，当一位叱咤风云的企业家。

第一次读《龙马奔走》这套书是在他15岁刚刚上高中的时候，一年后，他就选择从高中退学，毅然决然要去美国留学。

这样的决定是经过深思熟虑的。

"我是韩国人，就算在日本读到大学毕业，又能怎样呢？也是很难获得日本社会认可的。"孙正义想，但是要是在美国取得成功那就不一样了，整个日本社会会对我另眼相看。

而作出如此决定也跟孙正义在高一暑假的时候去美国短期留学学习英语，并且和祖母回了一趟故乡韩国脱不开干系。

陪祖母回韩国，再一次提醒了孙正义作为韩国人的身份。而美国包容、开放、人人自由平等的氛围，则让16岁的孙正义大开眼界，他觉得，美国具有适合他奋斗的土壤。

　　总之，这一系列际遇让孙正义下定决心去美国留学。只有一次的人生一定要闯出一番大事业来，孙正义要成为日本第一的企业家。

　　那就行动吧，一刻都不能等了，孙正义狠下心要找到彻底解决家庭困境的办法，同时他也必须为未来能够实现更大的梦想打下坚实的基础。

　　决定去美国留学就和龙马的"脱藩"行动非常相似。龙马也曾被"脱藩"这个问题深深困扰，但他由于害怕连累家人最终没有实行。这时龙马的姐姐如此说道，"龙马，去吧。你不是埋在草野里的庸才，出去闯荡做一番大事吧。如果是为了这个，我们没有关系。去吧！"

　　读到这个场面孙正义哭了，眼泪不住地流了下来。之所以会落泪，是因为这个故事和孙正义此刻的经历非常相似。

　　出国的决定不出意料地遭到了亲人们的一致反对，大家都不理解，在孙正义的爸爸刚刚罹患重病的时候，孙正义为什么会选择去美国留学，这在家人看来是一种逃避、背叛，更是一种不负责任。

　　"你走了是不是就不会回来了？"妈妈也是特别难过，不止一次泪流满面。

　　但最先支持正义的还是卧病在床的父亲三宪，而那时候的他，因为十二指肠破裂刚刚被送进医院。但父亲也是有要求的，他提了两个要求："必须一年要回来一次，要和黄皮肤黑头发的东方女人结婚。"

　　16 岁的孙正义即将远赴美国，在机场送别的母亲再一次泪如雨下，只有一句嘱咐："一定要回来！"

　　"一言为定。"少年孙正义坚定地回应。

在父亲见证下攫取第一桶金

　　即使背负了家庭施予的如此压力，还毫不犹豫地选择来美国留学的孙正义，必然是会格外珍惜这段留学时光，一秒钟都不会浪费的。

幸运的孙正义，也是在刚到美国留学不久，便认识了后来成为他妻子的日本女孩大野优美。

有了优美的陪伴和支持，孙正义更是一秒钟都不敢懈怠，每天只睡三四个小时，然后利用自己醒着的每一秒钟去看书、学习，汲取一切有用的知识。

因为优美比正义高两级，正义还在读高一，优美就即将升入大学。一方面他真的不想浪费自己的时间在高中校园里，另一方面，爱的力量也促使他作出了一个看似疯狂的决定：跳级再跳级，尽可能快地进入大学。

就这样，他创造了三个星期就读完高中、考取大学的奇迹。

上了加州大学伯克利分校以后，他决定不再问家里要钱，而且也要求女友优美也不要再问家里要钱，"请相信我，我一定会养活咱俩。"孙正义信誓旦旦地说。

孙正义到美国前，爸爸就已经住院，爸爸此后的病情怎么样，家里情况如何，他都没有时间过问，只是他知道，家里每个月寄给自己的20万日元，对于家人而言肯定是一笔不小的负担。

他决定减轻家庭的负担，而且是从现在就开始，不想等到毕业了。19岁的他，还为自己确立了一个指导其一生的50年人生规划——

20多岁的时候，开创事业，扬名立万。

30多岁的时候，至少要赚到1000亿日元。

40多岁的时候，一决胜负，成就大事业在此一击。

50多岁的时候，成就大业。

60多岁的时候，交棒给接班人。

这就是一个19岁少年的人生规划。为了实现这个目标，他要求自己每天想出一个发明，他认为，这是践行他创业梦想的第一步：拥有一项属于自己的发明专利，然后将其变现，这样才能最快地赚到第一桶金。

所以，他每天给自己分配 5 分钟，去发明一项专利，是的，没有看错，就是 5 分钟，他就是要用每天这唯一不用学习的 5 分钟，去发明一项专利，其余时间，他都要拿来学习。

孙正义就是孙正义，每天 5 分钟，坚持了一段时间后，他真的想出了一个为他赚得人生第一桶金的发明：语音电子翻译机。

这时，他的商业头脑又开始疯狂运转了，如果要自己去把这个发明制作出来，那真是路漫漫啊，还怎么实践 50 年人生规划啊，他随即想明白了，自己是个企业家，企业家就是要有把自己需要的顶尖人才收入麾下，为自己和企业创造价值的能力。

他立马联系了自己所在学校加州大学伯克利分校最顶尖的语音合成领域权威——莫泽尔博士。

孙正义慷慨激昂又颇有见地的说辞打动了莫泽尔博士，他看到了这个年轻人身上的潜力和魄力，并愿意在这个年轻人身上赌一把。

就这样，有了莫泽尔博士帮他把想法变为现实，变为实实在在的产品，他又开始马不停蹄地去为这个产品找买家。孙正义很有销售天赋，但初入商界的他还是在语音翻译机在美国本土的销售上，碰了壁，吃了亏。

但他选择了不计较，而是马上调整销售方向，准备把翻译机销往他更熟悉的日本，为此，他一方面加紧和莫泽尔博士的研发进度，一方面飞赴日本，对日本当时数一数二的电子公司，包括夏普、松下等进行游说。

接下来，孙正义人生中的几件大事相继发生。

在语音翻译器终于实验成功的那一天，也正好是他和优美约好结婚的日子，他不出意料的迟到了。虽然有点失落，但优美还是谅解了这个一心扑在事业上的男人，两人领了证，开车飞驰在美国美丽的 1 号公路上，一边是翻译机终于研制成功的喜悦，另一边是新婚的喜悦，优美手上戴着正义祖母相送的闪闪发亮的戒指，那时，孙正义 21 岁，优美 23 岁，新生活正向他们扑面而来。

产品研发出来了，孙正义和莫泽尔博士利用暑假时间飞往日本，手上拿着的试验机是孙正义发明的世界上第一台语音翻译机，能进行日语和英语的双向翻译。

夏普，是孙正义的首选，他想把自己的翻译机卖给这个日本最早研发电子计算器的企业。

可是，他凭什么说服夏普？

初次见面，夏普表达了如果外观更好看，或许可以考虑一下的模棱两可的暧昧态度。

逃课回到日本，与时间赛跑的孙正义可不会这么轻易放弃，他通过律师事务所又联系上了夏普的技术总部长佐佐木正。佐佐木正被称为"日本电子产业之父"，是个了不起的人物。

所以当孙正义兴奋地告诉父亲，他要和佐佐木正会面时，三宪也是非常高兴，并想要一同前往。"我也和你一起去，行吗？"

"可以，但是你只能在最开始的时候寒暄几句，其他都我来说，好吗？"就这样，兴奋的正义带着同样兴奋的三宪一起去了。

三宪也是见过世面的，自己努力开创的小事业也是经营有道。"这是犬子的发明。"说话得体，父子俩表现得都很不错。

特别是正义，在开始介绍自己的翻译机时，就变得异常兴奋，眼睛里又开始闪烁着那种坚定的、不容置疑的光芒。"有意思。"佐佐木正觉得不仅产品有意思，这个年轻人更有意思，值得好好栽培，于是，跟莫泽尔博士一样，佐佐木正选择在孙正义身上赌一把。他当场给了孙正义 4000 万日元，用于签订专利合同的费用。

第一个合约就这样在父亲的见证下签订了，看着父亲三宪高兴的样子，正义更是激动。

而正义发明的这个产品，日后则演变成了夏普的"IQ3100"，即世界上第一台便携式多国语音电子翻译器。

好像永远不知疲惫，永远干劲十足的孙正义，在挖到了第一桶金之后，马上又瞄上了游戏机生意。

而且，翻译机也好，游戏机也罢，孙正义总是以世界的眼光看待每一笔生意。

正在加州大学伯克利分校经济专业读大四的孙正义相中了一款1979年在日本很火的游戏"太空入侵者"，正处在游戏热潮，一台游戏机的价格是100万日元，但孙正义清醒地意识到，游戏热潮是暂时的，果不其然，这款游戏在日本的热潮很快就消退了。

在这个当口，孙正义抓住时机，以5万日元每台的价格，买了10台带到美国。并开始说服伯克利大学周边的商店摆放自己的游戏机，有着高超谈判技巧的孙正义各个击破，说服了好几家颇受年轻人欢迎的商铺，并把收益跟商铺五五分成，每天结算。

果不其然，游戏机受到了大学生的欢迎，抱着试一试心态的商家也从中尝到了甜头，有越来越多的商家主动找上门来要求摆放孙正义的游戏机。

半年以后，孙正义拥有的游戏机数量从最初的10台，发展到350台，利润超过1亿日元，而且这还是在零成本的情况下实现的。

步入20世纪80年代，孙正义把当时在日本流行的游戏纷纷引入美国，要么不做，要做就做彻底，这是孙正义的行事风格，他对自己的员工也如此，他会用三天的时间观察自己的员工，觉得在3天内毫无长进的员工，他会毫不犹豫地开除。后来，喜欢游戏的打工学生最受他青睐，因为他们自身的工作动力就很强，能够坚持工作，销售额也会大幅增长。他还创造了仅用一个月时间就让收购的游乐中心销售额翻了3倍，就是他的这种雷厉风行、知人善用的企业家精神在发挥作用。

他为自己的游戏机公司取名为 Unison World，这其中包含了很多深意，Unison 有"调和"的意味，而 World 就表明孙正义想要建设全球性大公司和想要跟全世界做生意的野心。

可以说，6 年的留学时光，孙正义争分夺秒，也开创了他人生和事业中很多重要的时刻。

遵守与母亲的约定回到日本

6 年的留学生涯结束了，孙正义决定班师回朝，回日本去。

所有人都大跌眼镜，因为此时的孙正义在美国创办的公司 Unison World 已经做得风生水起并且蒸蒸日上，如此经营下去，是更为顺风顺水的事，何必抛弃这一切回到日本从头来过呢？

但对于孙正义来说，Unison 只是一次创业的演练，他是从决定来美国的时候，就下定了决心，将来是一定要回日本的。"别的不说，这是我对母亲的承诺啊，我一定会遵守。"

就这样，跟当初毅然决然去美国一样，孙正义头也不回地回到了日本。

回日本也是一定要创业的，这一点孙正义从来没有动摇过。

而在创业之前，孙正义也早已下定了决心，要以孙正义这个韩国人的名字注册登记开公司。

但他的这个想法又一次遭到了家里人的反对。这次，连爸爸三宪也有些忧心忡忡了，他们认为，以孙正义这个名字开公司会带来诸多不便，会有一些很现实的问题摆在眼前，比如，去银行贷款可能会不顺利，再比如，可能会找不到员工为你卖命。

但孙正义却很坚持。因为这是他在初中毕业时就已经打开了的心结。

这些年在美国闯荡的时候，更是没有一个人会在意他的国籍，孙正义早已是内心笃定，能够坦然接受自己韩裔的身份。既然已经过了自己那关，那么，他就不认为韩裔身份会再给自己带来任何困扰。

孙正义认为，只有认可孙正义的员工才是真正的员工，愿意贷款给孙正义的银行才是真正的银行。他讨厌逃避，也不愿意再逃避。

后来，由于保留韩国国籍办理护照非常不方便，也是为了子女将来的发展考虑，孙正义决定加入日本籍，但是他还是坚持以孙正义这个名字加入。

没想到却是一波三折。法院先是拒绝了他的申请，因为日本人的名字中没有"孙"这个姓，既然没有先例，那就要改名字才能入籍。

孙正义想了一个办法，因为根据韩国风俗，夫妻成婚后妻子不用随夫姓，因此，孙正义的妻子仍然保留并使用自己大野优美的名字，孙正义让自己的日本妻子向法院提出申请，要求把"大野优美"改为"孙优美"，然后孙正义再去法院查询："请问现在有没有姓孙的日本人呢？"

"有了，有一个。"有了先例，就能够获得认可。如此一来，名叫孙正义的日本人就这样诞生了。

总算拿到日本国籍的孙正义还是很开心的，还高兴地向自己的员工展示自己的日本国籍证明。

在经过了一阵对创业方向的狂热追寻后，1981年，孙正义逐渐看清了时代的方向，这年9月，日本软银公司在日本福冈市成立了。就这样，孙正义一手缔造了软银，并为之奋斗至今。

被爱包围的人会总想为世界贡献点儿什么

孙正义的野心很大。

他从确立自己要成为一名企业家的那一刻开始，就把目标定为成为日本第一的企业家。随着一步步的成功，他又渴望成为世界第一的企业家。

他的野心源自何处？

他在接受媒体采访的时候说到，觉得自己是一个非常幸运的人，爷爷、奶奶、爸爸、妈妈、兄弟，甚至学校的老师，都非常爱他，他被爱包围着，就会有想要用自己的获得去报答别人的愿望。

是爸爸的爱和认可让他坚定不移地认为，自己是个天才，并且努力把自己的天才发挥出来，不被埋没和浪费。

是奶奶的启蒙教育，让他在享受这份来自家庭的爱护的时候，也懂得了去爱护别人。奶奶总是对他说："托人之福，必须心存感谢。"这句奶奶时刻挂在嘴边的口头禅，也成了他始终铭记在心的做人准则。

是他的妻子，当时还是女朋友的大野优美的爱，一定程度上促成他创造了只用 3 个星期就读完高中并考取大学的奇迹。

被爱包围的孙正义，用自己的天赋和勤奋创造一个又一个商业传奇，从而去实现自己这份渴望回报爱的野心。他在创立软银之前，就曾为了寻找自己的创业方向而列出十条创业准则，其中，第九条就是——事业成功的关键在于拥有让人幸福的信念。这是他贯穿始终的创业信条之一，那就是成功的事业必定是能够让人拥有幸福的，也就是说，要想创业成功，就必须想着为人类创造更大的福祉。

在他年少时期，家庭一度比较困苦，他有一种想要为这个家做点什么，好让整个家族摆脱贫困的渴望，这是他成为企业家的最原始的冲动之所在。当他展现出了自己成为一名优秀企业家的天赋并真的一步步取得成功，理所当然地让家族彻底摆脱了贫苦的命运时，他没有囿于此等家族小爱，停止脚步，而是一种大爱支持着他继续前进。

而众所周知，1982 年，正当软银一帆风顺在稳步成长的时候，孙正义却病倒了，25 岁的孙正义虽然年纪不大，但却由于长期的积劳成疾，感染了肝炎。

与肝炎抗争了 1 年多还不见起色的时候，正义的爸爸三宪，发现了掌握新型慢性肝炎疗法的熊田医生。三宪跟正义一样，勇于尝试新的事物，是一个拥有创造性思维和创新性行为的人，他鼓励正义去试试新疗法。

父亲的如此惦念，让正义非常感动，但此时一向果断的正义却犹豫了，他想避免换医院带来的一切麻烦。但是三宪却坚持，必须赌一把。正义被父亲说服了，又是一场漫长的与疾病抗争的治疗过程，但熊田医生果然没有让三宪和正义失望，到 1984 年快要结束的时候，熊田终于宣布，正义可以出院了，身体已无大碍。

与病魔抗争了 3 年的孙正义，总算是可以给住院生活画上一个句号了。

而也正是父亲的惦念和鼓励，才让正义最终战胜了病魔。这就是被爱包围的力量，何其伟大。

也是在病床上，正义再次明确了信心和决心，在美国赢取一片天地，或者在日本当 No.1 都不是他的最终目标，早晚，他要登上世界的舞台，他要把日本软银，变成世界的软银，实现他的全球化战略。

这就是他回馈被爱的方式，赠予这个世界一个优秀伟大的企业，为这个世界创造更多的美好。孙正义的成功也印证了父亲一直以来对他的期待：他不属于我，不属于我们这个小家庭，他属于社会，他一定要为社会贡献他的才智。

第六章

马克·扎克伯格：
如狮子般特立独行地成长

人物名片：

马克·扎克伯格

社交网站 Facebook 的创始人兼首席执行官。哈佛大学计算机和心理学专业肄业。

在美国《福布斯》杂志于 2017 年 3 月 20 日揭晓的 2017 年度全球富豪榜上，马克·扎克伯格以 560 亿美元的身价位居第五位。生于 1984 年的他也是历来全球最年轻的自行创业亿万富豪。

对于年少成名的天才故事，人们向来津津乐道。因此，马克·扎克伯格的成功备受瞩目，即便他创建的 Facebook 帝国尚未进入中国，也不妨碍众多中国年轻人以马克·扎克伯格作为自己奋斗和努力的目标。

父亲：爱德华·扎克伯格
母亲：凯伦·扎克伯格

马克·扎克伯格素有最"穷"富人的称号，作为一个超级富翁，他一直到组建了自己的小家庭以后，才购买了属于自己的房子。此前，他一直像个大学生一样居住在租来的公寓里。而根据《纽约时报》对扎克伯格家的探访发现，原来克勤克俭是扎克伯格家族的传统。

1984 年，马克·扎克伯格出生在纽约附近的一个小城镇中的犹太人家庭。马克·扎克伯格的父亲爱德华·扎克伯格自从 1978 年就开始从事牙医职业，至今仍在位于纽约州小镇杜波斯费里的家中看诊，曾是精神科医生的母亲凯伦则帮助丈夫打点诊所的行政事务。

这是一个典型的美国中产阶级家庭，吃穿不愁，孩子的教育也很有保障。但这又是一个有些特别的家庭，父亲爱德华坚持把他们经营的牙科诊所开在他们一家六口生活的房子里，不单纯是因为节俭，还因为父亲不想缺席孩子的成长。在父亲爱德华看来，陪伴是给予孩子最好的礼物。

父亲的教育理念被证明非常成功，因为不止马克·扎克伯格，他的 3 个姐妹也都成为杰出的人才。

姐姐兰迪·扎克伯格，在 Facebook 当过产品经理和发言人，离开 Facebook 后自己开了一家社交媒体公司，上过"美国前 50 数码玩家榜"。同时，兰迪还是个小有名气的真人秀节目制作人，并经常投身演艺和慈善事业。妹妹唐娜·扎克伯格是名校普林斯顿大学的博士生，毕业论文的主题是"论希腊两个著名诗人"。现在唐娜是个美食博主，非常懂得享受生活。小妹妹艾瑞尔·扎克伯格大学学的 IT，毕业后在网络交互公司做产品经理。

如果扎克伯格家只冒出了一个优秀的儿子马克·扎克伯格，还可权且称之为偶然，或者简单地归因于马克·扎克伯格的天赋异禀。但是 4 个儿女各个优秀，我们不难判断，他们的父母想必有一些独到的教育理念。

父亲的奋斗史

扎克伯格成长于一个典型的美国中产阶级家庭。马克·扎克伯格的爸爸爱德华·扎克伯格是牙医。妈妈凯伦曾经是精神科医生，但结婚后就没有再继续自己的事业，而是全身心帮助丈夫打理牙科诊所的生意。

然而，在爱德华小时候，他的家庭并不宽裕，父亲是邮递员，母亲是家庭主妇，是一个生活刚刚将就的工薪阶层家庭。

好在，爱德华善于学习，兴趣广泛，是一个聪明且与时俱进的犹太人。

爱德华在高中时期数学和自然科学的成绩非常好。"在纽约的犹太人家庭长大，就算你只长了半个大脑，父母也会逼你着去学医。我更适合读数学，但当时还没有程序员这种工作。"爱德华说。他一直谨记父母的教诲，"人生很短暂，时间要用在刀刃上，聪明的孩子不能浪费生命"。

爱德华明白，自己的任务和使命就是让他的家庭摆脱工薪阶层，过上更好的生活。因此，他去了纽约大学的口腔学院。

爱德华在适婚的年龄通过相亲认识了精神科专业的学生凯伦，两人结婚安了家。婚后，爱德华开了一个牙医诊所，诊所就在一家六口生活的灰色小房子里，用其中的两间做检查室。

虽然因为连生了4个孩子，家里有些拥挤，但爱德华却十分满意并推崇这样的工作和生活方式。"我俩都在诊所工作，办公室就在家里。我非常推崇这种方式，可以边工作边陪伴孩子们，融入孩子们的成长。"爱德华说。

爱德华不仅医术精湛，而且深谙病人心理，甚至有了专为"胆小鬼"服务的名声，爱德华诊所的生意非常好。诊所兴旺的生意为扎克伯格一家提供了良好的物质保障。

如爱德华父母所愿，爱德华带领自己的家庭彻底摆脱了工薪阶层，步入了殷实的中产阶级。爱德华完成他的家族使命，而这势必会为他们的孩子营造一个更加良好的生活和学习环境。

父亲无条件地支持

为自己子女提供了更好生活和受教育条件的爱德华，也不可避免地陷入犹太人思维中去了，他像所有的犹太人父母一样，觉得孩子们要是能当上律师，那才叫成功！

时过境迁，爱德华很快就发现，他的 4 个孩子，似乎都不太可能当上律师。

爱德华的不同之处在此时显现，他并不为此沮丧，也没有逼孩子去做自己不擅长的事。而是马上转变思维，积极发现孩子们的兴趣爱好以及长处，然后无条件地支持他们去实现自己的理想。

这可能是扎克伯格夫妇教育子女首要秘籍。

"我和我的妻子都相信一点，那就是不要强迫你的孩子，也不要试着把他们的生活引向某一个特定的方向，而是要去发现他们的长处是什么，并且支持他们的长处，支持他们会富有激情地做事情。"爱德华说。

只要是孩子想做的事，夫妻俩就很支持，只有一条建议：努力做好。几个孩子从小最喜欢摆弄机器。那时电影《星球大战》上映，小扎克伯格很入迷，看完以后居然想拍一部电影。

连扎克伯格的姐妹们都觉得他是在瞎胡闹，但爱德华却真的给儿子买来了一部手持摄像机，扎克伯格也就真的扛着这个大家伙拍了部片子，还是一部恶搞片，搞笑滑稽的片子逗得扎克伯格的三个姐妹捧腹大笑。

按照这样发展，扎克伯格也许会成为好莱坞导演。但他的兴趣很快转移，喜欢上了电脑，喜欢玩游戏。

父亲爱德华再一次支持扎克伯格的爱好，顶着母亲凯伦的反对，几乎花光当时家里所有的积蓄给每一个孩子都配了台电脑，这些电脑虽然速度很慢，漏洞很多，但在当时已经是很了不起的设备了。

买电脑还附送了编程的光碟，爱德华看儿子的数学和自然科学不错，就用这张碟教他写程序。但是没写几天，爱德华就跟不上儿子的进度了，索性给他买了本编程书。

爱德华的兴趣也从一开始单纯的玩电脑游戏，转移为编程。因为当时的游戏是有很多漏洞的，所以他开始自己动手编写制作更有趣更受欢迎的游戏。很快，扎克伯格就做出了第一款名为《摇滚乐团》的视频游戏，道具是一个塑料拨浪鼓，场景则就设在自己家的客厅里。

扎克伯格的编程技术越来越好。在他十来岁的时候，就为他父亲的诊所开发了一款软件，这款软件可以把诊所的电脑和家里的电脑相连接，实现信息的小范围共享。这就是一个社交网络的雏形啊，家人都觉得很好玩，每个人坐在自己房间，在电脑上就能说话、交流。

扎克伯格靠自学看完了书，开始上中学后，他对学校的作业没兴趣，只喜欢编程。父亲爱德华也没逼着他做作业，还去请了个软件专家给儿子当家教。专家名叫大卫·纽曼，但同样，也是没教多久就又吃不消小扎克伯格的学习速度了。大卫认定，小扎克伯格很有天赋，一定会在这个领域成就一番大事业。

于是，爱德华又带着扎克伯格来到一所离家不远的大学学习计算机课程，一开始，老师见到还在上中学的扎克伯格，觉得他的父亲是不是太着急了，有点揠苗助长，不过上了几次课以后，那位大学老师才意识到，这个十几岁的小孩的确不简单。

实际上，爱德华作为父亲也同样不简单。他并没有揠苗助长，而只是在无条件贯彻"支持孩子的热爱"这一简单的信条。因为在他看来，兴趣是最好的老师。

父母说"不"也会有理有据

当然，无条件支持兴趣爱好也不代表对孩子的一味顺从。

"我经常对儿子说'不'。但说'不'要有理有据，摆事实讲道理。从小懂规矩很重要，孩子的某些行为需要父母当场指出不能容忍。如果你能够在孩子们很小的时候就说清楚不喜欢什么不良行为，他们将学会理解你在特定事情上的感受"。爱德华认为，无条件支持孩子们朝着自己喜欢的方向去发展并不代表一味顺从，在扎克伯格成长过程中，爱德华也经常会对他说"不"。但这一定要建立在有理有据的基础上。

在扎克伯格上小学的时候，班上有个叫纽芬迪的男孩，行为迟缓、不讲卫生，扎克伯格很不喜欢他，甚至对他有些反感。在一次兴趣课上，扎克伯格简直表现得像个恶少。因为和纽芬迪分到了一个组，扎克伯格本来就已经气不打一处来了，当他们协作搭建一个建筑模型，纽芬迪的笨手笨脚彻底激怒了扎克伯格，他一把将他推开还骂他混蛋。

这一失控的表现引起了学校的注意，老师把扎克伯格的父母叫到学校来，并对他们讲述了这件事。

心理医生出身的母亲当然非常重视儿子的这次失控表现。凯伦跟儿子进行了深入的沟通，扎克伯格跟母亲坦陈，就是不喜欢纽芬迪，他不修边幅，衣服上总沾着饭粒，身上也有很臭的味道，并且他反应迟钝，总是拖自己的后腿，让他感到丢人。

母亲凯伦深知，小学时代其实是一个孩子成长中最敏感的时期，因为这是他世界观形成的关键时期，也会非常在意别人的看法，因此，这个时期，一定要对孩子有正确的心理引导，不然后果不堪设想。凯伦从侧面入手跟小扎克伯格聊了很多，比如绅士品格之类的。扎克伯格是个聪明的孩子，他很快就会意，知道母亲想说什么，他还向母亲保证以后会做一个愿意帮助别人、关心别人的人。

可是，不久之后，扎克伯格却再一次和纽芬迪发生了冲突，比上一次的还要严重，学校甚至给扎克伯格的父母发出了警告，如果再不严加管教，就要开除扎克伯格。

母亲凯伦意识到，单纯的谈心是不能影响扎克伯格的，他太过聪明且能言善辩，他不太会听从别人的指挥。因此，爱德华和凯伦在经过深思熟虑之后，决定来一场"现场教学"。他们带扎克伯格去看望纽芬迪，希望扎克伯格走进纽芬迪的家庭和生活中，去真正了解他，从而能够理解他，并能够进一步去关心他、帮助他。爱德华和凯伦其实也很忐忑，因为他们无法预期这样一次会面的效果。但最终，他们还是采取了行动。

扎克伯格一家驱车很远来到了纽芬迪的家，而那里是破败的棚户区，污秽、简陋和贫穷随处可见，让人触目惊心。当他们抵达纽芬迪的家时，纽芬迪正在做家务，他对扎克伯格一家的到来表现得非常友好，他其实非常渴望和扎克伯格做朋友。他脸上挂着灿烂的笑容，招呼他们进屋。母亲凯伦注意到，从进入棚户区开始，扎克伯格就显得异常安静，纽芬迪的家里也是连个能坐人的地方都没有，到处堆满了东西。而且屋子最里面的一张破毡子上还躺着一个人，那是纽芬迪的奶奶。纽芬迪的妈妈在外面做家政赚钱，常常深夜才能回来，照顾奶奶的重任就交给了纽芬迪。看着这一切，扎克伯格一言不发。一周后，等扎克伯格再去学校，他对纽芬迪表现得十分友善，并且竭尽所能地帮助他。

相信如果没有这次会面，小扎克伯格不会相信还有纽芬迪这样困窘的穷孩子，也不会让他这么容易就化解了他对于纽芬迪的误解，并激起他对弱小的保护欲。

　　20 多年之后，扎克伯格向他曾经就读过的纽瓦克公立学校系统捐赠了 1 亿美元，帮助全美国最为落后的学校提高教育水平，也是想要帮助像纽芬迪那样的孩子能够通过接受教育，走出困境。

　　不仅如此，众所周知，马克·扎克伯格是一个慈善家，他在他第一个女儿出生后，宣布捐出 Facebook 市值 450 亿美元的股票，用于发展人类潜能和促进平等。

　　而这一切的起点，都源自父母对他进行的一场耐心而成功的教育。特别是母亲凯伦，她作为一名曾经的精神科医师，从马克·扎克伯格小的时候开始，就在密切关注他的心理健康问题了。因为作为妈妈，她很早就发现小扎克伯格是一个颇具个性的小孩，而这样特别的小孩在心理方面就更加需要正确的引导。

母亲给予的社交启迪

　　在扎克伯格小的时候，作为心理学家的母亲就一直在密切关注他的心理健康问题，因为担心他会由于自我封闭和过分个性产生心理问题。

　　扎克伯格的妈妈从专业角度分析，扎克伯格需要尽可能和其他普通孩子打成一片。所以作为父母，就需要给扎克伯格一个正常的社交氛围和环境，并且让他能够尽快适应。

　　在妈妈凯伦的关注和引导下，扎克伯格与小伙伴们相处得还不错。但凯伦也很快发现，小扎克伯格对于计算机的兴趣远超于对人的兴趣，但让凯伦欣慰的是，不知道是不是因为受到了母亲潜移默化的影响，扎克伯格对人性欲望和人际关系有着一种特殊的敏感，他还非常擅于把计算机知识同心理学知识联系起来。比如，他会揣摩玩家心理，然后把他的小伙伴们喜欢玩的游戏进行改进，当然，改进后的游戏会让小伙伴们更加沉迷其中，无法自拔。这也不失为一种让自己受到小伙伴们欢迎的方式。

同样也是出于对人际关系，以及对心理学的兴趣，扎克伯格进入哈佛大学，同时选择了攻读计算机和心理学学位。而他创立的 Facebook，就是抓住了人们窥探别人隐私和自我表现的心理，成了一款风靡全球的社交网站。

在马克·扎克伯格的常用词典中，有这样一些词汇：透明度、信任、联系、分享。扎克伯格在 Facebook 的个人页面上这样描述自己的兴趣：开放，创造事物，帮助人们彼此联系和分享对自己而言重要的事情，革命，信息流，极简主义。他认为，"一个透明度高的世界，其组织会更好，也会更公平"。

这些，好像都离不开母亲的遗传，更离不开母亲最初的启迪和潜移默化的影响。

最好的教育莫过于言传身教

言传身教，可谓是扎克伯格夫妇教育子女的第二个秘诀。

虽然家里的房子很简单，但老扎克伯格喜欢新科技，有什么新产品就第一时间买来装备起来，这一行为和习惯在潜移默化中对子女影响很大。

比如，父亲爱德华的诊所是最早一批用数码设备给病人拍片子的；爱德华的诊所也是最早装电脑的，并用电子邮件预约看牙；他的诊所还是最早装平板电视的，最早配备 iPod 的，电视还能上网，病人等候时还能一边上网看电视，一边听 iPod。

在扎克伯格刚出生那年，电脑还又大又贵，父亲爱德华就花了巨款 1 万美元买了台 IBM，是全世界最早的电脑用户，虽然买来只能打印发票，但爱德华却觉得值。

直到现在，爱德华还走在科技的前沿，几年前，他还在美国哥伦比亚大学给牙科学生作了一场主题为"牙科诊所里的技术整合"的演讲。哥伦比亚大学一名老师听后称："尽管我一直都关注前沿技术，但似乎他比我还领先 7 到 10 年。"

爱德华同样关注 Facebook，也是 Facebook 的资深用户，他每天都会花时间在 Facebook 上，甚至他还会去体验与 Facebook 同类的竞争产品，并时不时与儿子交流自己的体验。

就是这样一个科技迷，培养出了 4 个小科技迷，爱德华的 4 个子女都是科技达人，大多也从事着跟科技相关的工作。这就是言传身教的力量，也是最让父亲爱德华欣慰的。

放手"散养"

而扎克伯格家庭的第三个教育秘诀，就是充分信任并尊重孩子，放手让他们自己去做决定。

爱德华和凯伦都反对父母全权做主，为子女包办一切的做法。他们主张多花心思，了解孩子们的内心。"必须了解孩子的真实能力和内心的想法，这样当他们遇到问题咨询我们的时候，我们才能够给出适合他们的意见，不过最后到底要怎么做，还是他们自己说了算，他们自己去做决定"。

爱德华把诊所开在家里，所以夫妻俩的工作场所就在家里，这让他们有了更多时间去陪伴他们的 4 个孩子，并且充分参与他们的成长。

父亲爱德华说他的教育方式是："不要强迫孩子，也不要试着把他们的生活引向某一个特定的方向，而是要去发现他们的长处是什么，并且支持他们拓展这一长处，去做最有激情的事情。"

特别是没有了生活上的压力，爱德华更希望孩子能够快乐成长，各得其所。另外，他本身已经在自己的工作上获得了尊重和自我实现，他不会通过炫耀自己的小孩所获得的成就感去满足自己的虚荣心。

扎克伯格小的时候曾经对家里的音响设备特别好奇，尤其是音响在播放音乐的时候，他特别想知道声音到底是怎么产生的，所以他就趁父母不在家的时候拆开了音响去一探究竟。爱德华知道了以后，非但没有责骂扎克伯格，反而鼓励他。

如果说这些生活中的点滴选择都还只是小打小闹的话，那么随着马克·扎克伯格的成长，对他乃至对整个家庭而言真正重大的抉择也一个接一个地来了。

当马克·扎克伯格在哈佛大学读书期间创办的 Facebook 被专业人士评估价值 2000 万美元的时候，他再一次做了一个决定：退学到硅谷创业。虽然退学这个决定相较于以往是一个显然更大也更需慎重的选择，但扎克伯格夫妇仍然一如既往地选择了支持。

这可能就是他们作为父母更胜一筹的地方了。当然，他们的支持和信任不是盲目的，而是建立在对孩子充分了解和懂得的基础上。

一场改变人生信念的旅行

爱德华这样形容小时候的扎克伯格——意志坚定、冷酷无情。他就是人们口中那种心里有谱的孩子，从小就知道自己要什么，并且也知道能通过什么样的方法达成，不喜欢浪费时间和精力在没有用处的人和事上。父亲爱德华说："对于其他孩子的问题，可能只要回答是或者不是就可以了，但对于扎克伯格提出来的问题，就要打起十二分的精神，必须准备好事实、经历、逻辑和理由跟他进行强有力的辩论。"

在扎克伯格 7 岁那年暑假，爱德华带他到非洲大草原玩儿，在一望无际的大草原上，各种动物在相互之间追逐，他们观察到一个自然现象：在捕猎时，鬣狗、土狼等动物都是联合行动，而狮子、老虎等动物是单独行动的。一开始，扎克伯格抱怨狮子、老虎们太没有凝聚力，太缺乏团队精神了。但父亲爱德华却告诉扎克伯格，这个观点是不对的。当时的扎克伯格百思不得其解。

后来，直到工作以后，他才慢慢明白，这两种截然不同的狩猎方式所导致的后果是：前者经常饥一顿、饱一顿，还有性命之忧，而后者则有享之不尽的美餐。在自然界，只有保持自身独特个性的狮子和老虎才获得了最多的生存条件，亦步亦趋的动物只能朝不保夕。扎克伯格认为，并不是协作方式决定发展前景，而是思维方式决定发展前景。有的人想法不坚定，随波逐流，不断跟随外界环境和别人的期许去改变自己，最终丧失了个性，也丧失了成为领袖、成为成功者的可能性，终其一生碌碌无为。

就是这样一件事情，影响了扎克伯格之后的很多决定，让他学会了拒绝，也学会了像狮子和老虎一样，保持自己的个性。

坚定信念走上人生巅峰

正如前文所言，马克·扎克伯格一直没有忘记 7 岁那年与父亲一起在非洲大草原的经历。随着年龄的增长，他也越来越能理解，为什么当年他抱怨狮子、老虎们总是单独行动，缺乏团队精神时，父亲会不赞同。他越来越能够理解狮子和老虎的选择。在他后来创立 Facebook 的历程中，甚至很多人生选择中，都作出了跟狮子和老虎一样的选择，比如，他的三次拒绝。

第一次拒绝是他在高中时期发明的 MP3 插件，作用类似于今天国内流行的听歌软件豆瓣电台、网易云音乐等，可以通过分析用户的倾听习惯，为听众匹配他们喜欢听的歌曲。这款插件让扎克伯格在高中时期就出了名，带给了他最初的声誉。当时，包括美国在线、微软等知名公司都向他抛去了橄榄枝。特别是美国在线，非常喜欢他的软件，为了争取他的加盟，开出了百万年薪。但是扎克伯格不为所动，他去哈佛读书了。因为对他来说，"赚钱从来就不是目的"。

第二次拒绝，是扎克伯格运营 Facebook 的初期，Facebook 已经成功赢得了数目庞大的用户，这引起了比尔·盖茨的注意。比尔·盖茨欣赏扎克伯格的才华，开出了数百万年薪，邀请他加入微软，扎克伯格拒绝了。他说："微软以 Windows 发家，而承载我梦想的是互联网。"他一直清楚自己的梦想和目标，也对 Facebook 的发展理念和方向坚定不移。

第三次拒绝，就是著名的雅虎收购案，雅虎开出 10 亿美元的条件企图收购 Facebook，扎克伯格还是拒绝了。

扎克伯格的这三次拒绝，有的发生在他的高中青少年时期，有的则发生在他创立 Facebook 之后，但有一点相同，那就是这都是他遵从于自己内心的选择。因为他的父母从不干预他的决定，他有着充分的自主权。长久以来父母的信任和尊重使他充满自信地作出自己的选择。

在当时的人看来，马克·扎克伯格的每次拒绝都或多或少让人难以理解，但从之后的发展来看，他的这三次拒绝都是正确的。正因为这三次拒绝，Facebook 发展得越来越好，扎克伯格本人也一步步走向了他事业和人生的巅峰。

父母永远是最坚定的支持者

哪怕自己的孩子已经成为富豪，但是扎克伯格夫妇也没有因为这个而改变他们一直以来的生活方式，他们依然住在 20 世纪 80 年代贷款买下的老房子里，继续经营着自己的诊所，他们坚持过着自己的日子，既重视孩子，但同样也重视自己的事业和生活。

在 Facebook 上市前，扎克伯格让父母拿钱买 200 万股 Facebook 的股票，感谢父母对于他创业的支持，没想到竟被老扎克伯格严词拒绝。幸好，Facebook 的董事会硬塞给了老扎克伯格，公司 2012 年上市的时候，老扎克伯格的股票价值 6000 万美元。但他却也从未动用过这笔巨大的财富。

想必，对于马克·扎克伯格而言，这又是一种言传身教，成了亿万富翁的扎克伯格其实也保持着他最初的样子和一直以来的生活方式。扎克伯格总是以一件 T 恤、一条牛仔裤加拖鞋的样子示人，并且直到组建了自己的小家庭才买房子，不然就一直居住在租来的公寓里。

的确，良好的家庭品质和传统是会延续的。这可能就是成功家庭教育的最好体现。

对于那些羡慕扎克伯格夫妇能够教育出成功孩子的父母，老扎克伯格有话说："我有很成功的孩子们，于是人们总是想仿效我的模式，但事实上，我们并没有采取什么特别的育儿方式。"爱德华说，"为人父母，我只能说，你的确可以为子女安排你想要他们过的生活，但这不一定就是他们想要的。"

"父母应该鼓励他们追逐自己的热情，此外，就是尽量多地与孩子们相处。"爱德华如是说。简简单单的几句话，却囊括了扎克伯格父母最伟大也被一再证明成功的教育秘诀。

直到现在，老扎克伯格每天都会花一定的时间在 Facebook 上浏览，还会去体验 Facebook 同类竞争产品，并且会把他的用户体验和想法时不时反馈给儿子。

因为，父母永远都是马克·扎克伯格最坚定的支持者。

第七章

谢丽尔·桑德伯格：
父母助她打破商界"天花板"

人物名片：

谢丽尔·桑德伯格

现任 Facebook 首席运营官，被媒体称为"Facebook 的第一夫人"，马克·扎克伯格"背后的女人"。曾经担任克林顿政府财政部长办公厅主任、谷歌全球在线销售和运营部门副总裁等职务。

她是第一位进入 Facebook 董事会的女性成员；同时，她还是福布斯上榜的前 50 名"最有力量"的商业女性精英之一，2013 年曾登上《时代周刊》杂志封面，并被《时代周刊》杂志评为全球最具影响力的人物。

父亲：乔尔·桑德伯格
母亲：阿黛尔·桑德伯格

在硅谷，流行一种"家长督导"模式，即由一位或几位经验丰富的高管协助涉世未深的初创企业的创始人管理企业，为创始人出谋划策，帮助企业抵制快速发展所遭遇的各种风险，并且找到最佳商业模式。Facebook是一个快速发展的初创企业，虽然马克·扎克伯格是一个IT天才，但他并不擅长管理，这就需要具有丰富管理经验的人为Facebook保驾护航。

谢丽尔·桑德伯格就是为扎克伯格，为Facebook保驾护航的"家长"。桑德伯格找到了未来Facebook的利润源泉，同时，桑德伯格在大企业多年的管理经验帮助Facebook解决了许多管理问题。

进入Facebook时，桑德伯格要求所有团队的员工必须协同起来，她决心建立一套整齐有序的领导风格，在她到任几个月的时间里，Facebook领导层经历了一场基础性重组。

尽管扎克伯格以独断著称，但他却说："桑德伯格是Facebook离不开的人。"他们之间建立起了互相信任的关系，这使得Facebook在快速发展的同时，还能够弥补管理上的短板。

在美国硅谷，这样一位能够独当一面闯下一片天地的女人并不多见，而正是因为太少有，所以谢丽尔·桑德伯格的成功备受瞩目。

谢丽尔·桑德伯格1969年出生于华盛顿一个犹太家庭，两岁时随家人迁往佛罗里达州北迈阿密滩。她的父亲乔尔·桑德伯格是一名眼科医生，母亲阿黛尔·桑德伯格为了照顾她和一对弟妹放弃了博士学业和教师工作。

这是一个传统保守的美国知识分子中产阶级家庭。谢丽尔·桑德伯格的父母对她和弟弟妹妹们有着一样的期待：成绩优秀，共同分担家务，积极参加课外活动。父母对谢丽尔的培养让她坚信：男孩子能够做到的事，女孩儿也能做，并且女孩儿也同样具有选择自己职业的自由和权利。

也正是父母从小传递给她的这种一切皆有可能的信念，激发出了她的巨大潜能，从而让她一次次奋勇向前，在美国硅谷这样一个精英云集的地方，真正做出了一番事业。

家中延续传统的男女分工

在谢丽尔·桑德伯格出生 52 年前的同一天——1917 年 8 月 28 日，谢丽尔·桑德伯格的外祖母罗莎琳德·艾因霍思来到了这个世界上。和美国纽约城里许多的犹太移民家庭一样，艾因霍思一家住在一个空间极为局促的公寓里，周围紧挨着其他亲戚。外祖母的父母和叔婶对她的表兄弟们都直呼其名，却叫她和她的姐妹们"丫头"。

大萧条时期，谢丽尔·桑德伯格的外祖母被迫从高中退学，开始帮着维系一家老小的生计。她给衣物缝制布花，她的母亲再以微小的差价把衣服转卖出去。在当时的社会，没人会让男孩辍学，一个家庭若要提高社会、经济地位，希望就寄托在家里男孩的教育上。这也代表他们就这样默认了女孩不会对家庭经济收入做出太大的贡献，所以能体面持家就可以了，接不接受教育根本不重要。

不过，谢丽尔的外祖母很幸运，当时有一位老师坚持要求她的父母把她送回学校，就这样，她不仅读完了高中，还顺利地从加州大学伯克利分校毕业。

读完大学后，这个"丫头"在一家名为"戴维的第五大道"的门店做手袋和饰品的销售工作。她干得相当不错，当她辞掉工作与谢丽尔的外祖父结婚的时候，那家店的老板不得不雇用 4 个人来顶她的缺。若干年后，当谢丽尔的外祖父为他的涂料生意苦苦挣扎时，外祖母挺身而出，将整个家庭从经济的窘境中拯救了出来。

在谢丽尔的外祖母 40 多岁时，她被诊断出患有乳腺癌。还好，她最终战胜了病魔，此后就一直致力于为那家治愈她的诊所筹款。此外，谢丽尔·桑德伯格的外祖母还有一项副业——拉着一后备厢的山寨手表四处贩卖，赚得盆满钵满。

"我从没遇到过比我外祖母更加精力充沛且充满毅力的人了，当巴菲特谈到他只是在和全世界一半的男人竞争时，我就想到了我的外祖母，如果她出生在半个世纪后的今天，真是不敢想象她会拥有怎样辉煌的人生呢"。谢丽尔·桑德伯格时常这样想。

当谢丽尔·桑德伯格的外祖母有了自己的孩子，也就是谢丽尔的母亲阿黛尔和两个舅舅后，她非常重视他们的教育——这使得阿黛尔成功考入宾夕法尼亚大学，并于 1965 年获得法国文学学士学位。

毕业后，阿黛尔调查了两种适合女性的职业——教师和护士，思考过后，选择做了一名教师。之后，阿黛尔又开始攻读法国文学的博士学位，但因为有了谢丽尔而中途退了学。

此后阿黛尔再未工作过，因为她从来没想过，一个女人在生了孩子以后还可以继续工作。在当时，如果丈夫不能养家而需要妻子在外工作，人们会认为这是一个男人软弱的标志。因此，谢丽尔的母亲成为一名全职妈妈和一个活跃的志愿者。

几个世纪以来的男女分工在谢丽尔的家庭延续着。

从小就是妈妈的帮手

作为家里最大的孩子，谢丽尔·桑德伯格经常协助妈妈照顾弟妹，为他们系鞋带、洗澡，被阿黛尔称为"妈妈的帮手"。

也正是在这个过程中，谢丽尔的组织管理能力得到了初步的锻炼。

在谢丽尔结婚的时候，她的弟弟戴维和妹妹米歇尔说了很精彩的祝酒词，这段祝酒词也反映出了小时候的谢丽尔就已经表现出来的不容忽视的领导才能。

"嗨！你们中有些人认为我们是谢丽尔的弟弟和妹妹，不过说实话，我们其实是她的第一批员工——员工1号和员工2号。最初，我们俩一个1岁，一个3岁，没什么用，不但软弱，而且行为随便、懒惰。我们比较乐意让自己身上沾满口水，而不是去读早晨的报纸。但那时谢丽尔已经看到了我们身上的潜力。10年多的时间里，她悉心地指导并培养着我们。"在场的人都大笑起来。

他们继续说："据我们所知，谢丽尔不是在'玩'，她只是在组织其他小孩子玩。同时，她也管理大人。当我们的父母离家休假时，负责照顾我们的是祖父母。谢丽尔会在父母离开前表示抗议：'你们走了，我现在既得照顾弟弟戴维和妹妹米歇尔，还得照顾爷爷奶奶，这不公平！'"大家笑得更大声了。

谢丽尔·桑德伯格的父母也早就注意到了她的这个特点，"在和伙伴们做游戏的时候，其他小朋友是在玩耍，而她的行为更像是'组织其他小朋友玩'。"

是的，吸引谢丽尔的，并不是游戏本身，而是对于游戏的把控和指挥。通过自己的努力让游戏变得具有组织性，这个过程让还是个孩子的谢丽尔着迷。正如她在自己的第一本书《向前一步》中写道的："我可能生下来就46岁了。"谢丽尔拥有与年龄并不相称的成熟与理性。

父母种下的理想之花

由于从小成绩优异，谢丽尔·桑德伯格毫无悬念地顺利进入哈佛大学，主修经济学专业，还成了经济学家劳伦斯·萨默斯的学生。

虽然她在上课的时候很少发言或提问，但考试却总是获得最高分，深得萨默斯赏识。谢丽尔在上大学期间还联合室友创办了一个名为"经济学和政府部门中的女性"组织，组织成立的目的是密切关注和追求女性职业发展，鼓励更多女生选修经济学和政府管理专业。萨默斯不仅自愿担任桑德伯格的论文导师并协助推广她创办的组织。萨默斯尤其对她的组织管理能力赞赏有加。他说，"多数学生组织活动时难免疏漏，而桑德伯格主办经济学会招待会时，所有名牌、食品和日程都安排得井井有条"。

虽然备受导师萨默斯的赏识，毕业之后她也根本不愁出路，但大学毕业时候的谢丽尔·桑德伯格，对于自己想要做什么，非常迷茫。

这时候，她想到了自己的父母。跟她不一样的是，桑德伯格的父亲乔尔在他还是个少年的时候就想明白自己想要做什么了。在乔尔16岁那年，他在一次篮球训练中突然感到一阵剧烈的腹痛，乔尔的母亲以为他只是饿了，便做了一顿丰盛的大餐，这简直是雪上加霜，最终，乔尔被诊断为急性阑尾炎。由于刚吃过饭，他必须忍痛熬过12个小时，等食物全部消化了才能做手术。等到第二天一早医生切除了他的阑尾，痛苦终于结束了之后，他便立志要成为一名内科医生，去帮助别人减轻病痛。

跟父亲乔尔志向相投，谢丽尔的母亲阿黛尔也乐于帮助他人。阿黛尔虽然在有了孩子之后成了一名全职妈妈，但仍然是一个热情活跃的志愿者和人权主义者，谢丽尔从小总能看到她的妈妈在为还在受到迫害的犹太人奔走呼号，谢丽尔的父亲乔尔也经常加入阿黛尔的各项社会活动中去，父母为了帮助他人所付出的种种努力在小谢丽尔心里种下了种子。

在谢丽尔的整个童年时代，父母都在强调追求有意义的人生是多么重要。他们在饭桌上讨论的话题，常常是社会的不公正以及如何让世界变得更美好。作为一个孩子，谢丽尔也没有认真去想过自己以后会成为什么样的人。但对于想要做的事情，她还是思考过很久的。尽管别人听起来也许会觉得很傻，但谢丽尔希望自己能够去做一些可以改变世界的事情。谢丽尔的弟弟妹妹都梦想着能够成为一名医生，谢丽尔就觉得自己会为一个非营利组织工作或者是在政府机关里就职。这是她的理想，也是父母在心中种下的那颗小小的种子开出的美丽的理想之花。

传承母亲独特的教育方式

在谢丽尔·桑德伯格和弟弟妹妹还小的时候，每当他们发生争执，母亲阿黛尔就会让他们，甚至是强迫他们去模仿对方——就是在回应对方前先重复一遍对方说的话。

比如，有一次，谢丽尔和她的妹妹米歇尔为棒棒糖发生了争执。"谢丽尔吃掉了最后一根棒棒糖！"米歇尔大叫。谢丽尔马上反驳了一句，而且理由非常充分："她昨天已经吃过了，而我没有。"母亲阿黛尔让她们俩面对面坐下，并且不许谢丽尔再争辩，直到谢丽尔理解了妹妹的委屈。"米歇尔，我知道你不高兴，因为我吃了最后一根棒棒糖，而你也非常想吃。"尽管说这话的时候谢丽尔心里并不是很情愿，但重复对方的观点确实可以把分歧明晰化，这是解决问题的第一步。我们都希望别人能认真听自己说话，当我们表现出自己正在专心倾听的态度，就会慢慢地变成更好的倾听者。

这是谢丽尔的妈妈教会她的很重要的一课。现在，当谢丽尔自己的孩子发生争执的时候，谢丽尔也用这个方法帮助他们化解矛盾。谢丽尔的儿子会对他妹妹解释说："我很抱歉，因为你输了大富翁而不高兴，但我比你大，所以我能赢。"这对于一个 7 岁的孩子来说，已经很不错啦。

阿黛尔还有另一个跟别的父母不太一样的教育方式和理念，那就是一直对孩子们实行较为适当的管束。

谢丽尔记得在她还是个孩子的时候，母亲虽然总在身边，但是她不会一直围绕着谢丽尔和她的弟弟妹妹转，谢丽尔和弟弟妹妹也没有密密麻麻的活动时间表。"我们三个每天都会骑着自行车到处乱转，没有父母的管束。爸爸妈妈有时候会看看我们的作业，但很少会在我们做作业时守在我们身边"。谢丽尔回忆。

因此，谢丽尔也不觉得身为母亲，就意味着要每时每刻围绕在自己的孩子身边，从而牺牲自己的工作。她一直试图在工作和家庭之间找到一种平衡，尽管辛苦，也经历过一些挫折，但总的来说，谢丽尔做到了，而且做得还不错。这也是她从她的母亲身上学到的。

这些教育的理念和方法，可以说是母亲阿黛尔给予她的珍贵礼物，谢丽尔也把它们很好地传承了下去。

父亲积极参与子女的成长

谢丽尔的父亲乔尔是一位非常负责任的父亲。虽然乔尔像他们那一辈的大多数男人一样，不怎么做家务，但是他会非常乐意照顾孩子，积极参与他们的成长。他给几个孩子换尿布、洗澡，他每天都在家里，一家人一起吃晚饭，他经常给谢丽尔的弟弟妹妹的运动队做指导，他也定期辅导谢丽尔的功课，当谢丽尔参加演讲比赛时，乔尔会是最热情和积极的支持者。

谢丽尔坚定地认为，父亲的积极参与，对于她和她弟弟妹妹的成长助益很大，特别是在她也组建了自己的家庭，有了自己的儿女却仍然兼顾事业之后，她更认为丈夫的参与，对于整个家庭的经营，以及孩子的成长都至关重要。

在谢丽尔·桑德伯格 2013 年发表的著作《向前一步》中列举了种种研究结果，都表明父亲的参与能让孩子在成长过程中受益良多。与成长过程中父亲参与度低的孩子比起来，父亲参与度高，受到更多关爱的孩子，其心理状态会更健康，认知能力也更强。

好在，谢丽尔是幸运的，她不仅遇到了一个负责任的父亲，她还遇到了一个同样负责任的丈夫。

谢丽尔的丈夫戴夫·戈德伯格成长的家庭罕见开明，父亲是法学教授，母亲是一家非营利机构的联合创始人。从小，教授老爸都坚持每天早上起来给一家人做早餐，在高中的时候，前卫的教授老爸还介绍戴夫去读《女性的奥秘》，这其实在很多传统的美国家庭里是不多见的。

在父母都热爱事业的家庭长大，戴夫从来没觉得女强人是外星人。他也是哈佛毕业的学霸，因为太爱好音乐，还有个爱搞怪的性格，于是创业做了一家网络音乐公司。总之，谢丽尔这个吓跑了不少男人的女强人，却正对了戴夫的胃口。

跟谢丽尔结婚以后，为了一家团聚，他放弃了自己一手创立的事业，来到谢丽尔生活的地方，受邀掌管美国最大的在线调查公司 Survey Monkey。

在谢丽尔和戴夫生了一双儿女之后，谢丽尔没有放弃自己的事业，两人双双忙工作，做家务和管孩子样样都会分工。从喂奶换尿布，到送孩子上学，一起吃晚饭，戴夫都会参与，并乐在其中。更难能可贵的是，戴夫不但会洗衣服，还会说："洗衣服的男人最浪漫。"

父亲的积极参与，就这样成了谢丽尔家庭里的传统，这也是谢丽尔最为在意和看重的。

母亲提供精神动力

"我的母亲阿黛尔不像我一样拥有那么多的选择，但是在父亲的支持下，母亲总能在选择不多的情况下尽其所能地全力工作。"谢丽尔总发出这样的感叹。

在谢丽尔的童年时期，阿黛尔放弃了教职，选择做一名尽责的母亲和志愿者。当谢丽尔上大学后，阿黛尔回到了学校，继续从事她所热爱的教育教学工作，并开始把英语作为第二语言的一些教学研究。她一共从事了15年的全职教学工作，深深感到教书正是她想要追求的事业。"有一次，学校邀请我进入管理层，"母亲阿黛尔告诉谢丽尔，"但是我拒绝了，我更喜欢待在教室里，和学生们在一起。我正在做的，就是我想做的事。"

2003年，为了照顾她年迈的父母，谢丽尔的母亲阿黛尔再一次离开了职场。告别教学事业让阿黛尔很遗憾，但是家庭对于她来说，永远是第一位的。在谢丽尔的外祖父母去世之后，阿黛尔又回到了职场，创立了"静耳：听力拯救"行动组织，这是一个非营利性组织，旨在预防青少年因噪声而丧失听力。

在阿黛尔65岁的时候，她又重新回到了自己热爱的教学事业中，组织各种讨论会，为小学及中学的学生做演讲。

谢丽尔认为，自己的母亲一生都在积极进取。她抚育孩子，为父母养老送终。她是一位感情忠贞、充满爱心的妻子、母亲和祖母。她总是在为他人默默付出，母亲阿黛尔始终是谢丽尔的精神动力。

正是在母亲的指引下，谢丽尔一直积极努力地开创自己的事业，实现自己的理想和抱负。

从哈佛商学院毕业后，谢丽尔进入麦肯锡公司担任管理顾问。1995年，她大学时期的导师萨默斯出任克林顿政府的财政部长，出于对谢丽尔的赏识，不到30岁的谢丽尔被邀请出任萨默斯的办公厅主任。谢丽尔强大的社交和政治头脑得到了充分发挥，再加上此前麦肯锡和世界银行的工作经历，她成功地协助白宫处理了1998年的亚洲金融危机，年纪轻轻便名声大震。

2001 年，在萨默斯任期结束的时候，当时的媒体都认为谢丽尔会成为萨默斯的继任者。

当然，如若按照这个轨迹发展，谢丽尔的仕途前景一定是不可限量的，但她却作出了一个惊人的决定：弃政从商。谢丽尔决心在她完全不熟悉的领域，做一个全新的尝试。她说："人要敢于拥抱变化。唯一比变化更可怕的事情就是缺少变化。"

就这样，谢丽尔从东海岸来到了南加州的硅谷，事业也越做越大，越做越成功。这一路走来，母亲就是她的精神支柱，给予了她强大的精神动力。

把父母赋予她的能量传递给更多人

从小，父母就在鼓励谢丽尔·桑德伯格，女孩子也是同样能够开创一番事业的。这使她成为一名男女平等的倡导者，鼓励女性在职场上成为更进一步的引领者、革命者。

2013 年，她的著作《向前一步》出版，在书中，她通过很多自身成长的经历，深度剖析了男女不平等现象的根本原因，一定程度上解开了女性成功的密码。这本书大获成功，深受女性欢迎，曾连续 7 周稳居亚马逊总榜第一，超过 8 周长踞《纽约时报》非虚构类畅销书排行榜第一名。

在书中，谢丽尔勇敢表达自己的观点。她认为，尽管没有人会否认女性的重要性及力量，但当我们审视各国领导层时，仍然绝大多数由男性主导。在几乎所有国家——包括美国和中国，只有不到 6% 的顶尖企业是由女性来领导的。女性在各行各业的领导角色都少之又少。这意味着，在作出影响我们所有人福祉的决定时，女性的意见无法被平等地听取。

她认为，产生领导角色性别差异的原因很多——直接的性别歧视，女性需要承担更多的家庭责任，以及职场中缺乏灵活性。但更为重要的是，我们带有的偏见。虽然全球各地的文化千差万别，但是对于男性与女性的偏见却惊人地相似。尽管女性的地位在全球各地都在不断变化与演进，传统的预期与偏见却依然如故。直到今天，在美国、中国乃至全球各地，男性总被期待去领导、奋进、成功，而女性则被期待去分享、融通、屈从他人。我们期待男孩和男人展现领导力，但是当一个小女孩出头来领导时，我们就会觉得她专横、强势。

其他一些社会因素也阻碍了女性的前进。女性通常被职业社交圈排除在外——比如"关系"以及正式的、非正式的对职业发展至关重要的社交活动。在美国也是如此。在美国，男性通常选择去指导其他男性而不是女性。

谢丽尔相信，如果男性能够承担起家庭的一半责任，女性承担起职场的一半责任，这个世界将会变得更加美好。好消息是，在谢丽尔看来，我们能够改变偏见，实现真正的平等。我们能够支持职场中的女性领导者。我们能够在家庭中找到更多的平衡，父亲帮助母亲打理家务、抚养子女；更加平等的婚姻会获得更多幸福；更积极主动的父亲能够培养出更成功的子女。我们可以走到说小女孩"专横"的人面前说："那个女孩不是专横，她具有高级的领导才华。"

此外，谢丽尔·桑德伯格还曾在 Ted，以及全球多所顶级高校发表演讲，探讨为何女性领导者这么少，鼓励更多女性在职场中战胜内在的恐惧和不自信，勇敢地向前一步。

谢丽尔·桑德伯格的母亲阿黛尔同样深切地希望有一天社会能实现真正的平等。她看到当今的女性仍然要面对很多障碍，同时也看到了很多新的机遇。"我相信你能做得到的，其他人也能做到，甚至还可以做得更多"。谢丽尔的母亲不止一次对谢丽尔这么说。

从小到大，谢丽尔的父母给予了她充满能量的感染和教育，让她相信没有什么不可能。这种正面教育被证明是成功的，来自父母强大的能量在她身上得到了充分释放。在缔造了一个又一个不可能之后，谢丽尔还要更进一步，把从父母那里汲取到的能量传递给更多人。

谢丽尔·桑德伯格父母的教育深深影响了她，这也是为什么，她要在她的著作《向前一步》的扉页上写到——"致养育我的父母，他们让我相信一切皆有可能。"

第八章

鲁伯特·默多克：
子承父业的最佳范本

人物名片：

鲁伯特·默多克

世界报业大亨，美国著名新闻和媒体经营者。

他所创建的新闻集团是当今世界上规模最大、国际化程度最高的综合性传媒公司之一，净资产超过 400 亿美元，集团经营的核心业务涵盖电影、电视节目的制作和发行，无线电视、卫星电视和有线电视广播、报纸、杂志、书籍出版以及互联网等。

作为新闻集团的缔造者，主要股东、董事长兼行政总裁，默多克当之无愧是新闻集团绝对灵魂和主宰。因此，他的新闻集团也被称为"默多克的传媒帝国"。

父亲：基思·默多克
母亲：伊丽莎白·默多克

鲁伯特·默多克1931年出生在澳大利亚，毕业于牛津大学伍斯特学院。

默多克是典型的子承父业。

在他大学还没毕业的时候，他的父亲基思·默多克爵士逝世，留给他几家小报。报纸是父亲基思·默多克爵士为之奋斗了一生的事业，有过鼎盛的辉煌，也有过临终的没落。

自从有了这个唯一的儿子，父亲基思就盼着默多克能够继承他的事业，为他钟爱一生的报纸事业继续奋斗。所以，其实默多克从出生起就与报纸紧密地联系在了一起。子承父业，是父亲对默多克最大的期许。

1952年，默多克继承了父亲留给他的几家小报，并以此为起点，在短短三四十年时间里，将其发展为跨越欧洲、美洲、亚洲、大洋洲等几大洲，涉足广播、影视、报业诸领域的传媒帝国。

默多克没有让父亲失望，他将父亲对他的期许作为毕生的追求，他让父亲晚年日渐没落的事业重焕生机，并通过超过半个世纪的努力，将其发展成为全世界最庞大的传媒帝国。正如默多克母亲伊丽莎白·默多克所言："默多克生怕辜负父亲对他的期待，因此他丝毫不敢懈怠，一直努力着，这大概就是默多克能够如此成功的原因。"

父亲的记者梦

鲁伯特·默多克的父亲基思·默多克生于1885年8月，在家中排行老三。

基思有严重的口吃，说话总是断断续续的，经常被伙伴们嘲笑。这让基思非常痛苦，他的童年和青少年时代也因此蒙上了阴影，过得很不幸福。

中学毕业后，基思决定不上大学了。他告诉父亲他想从事新闻行业，这是他的理想，他对新闻行业有着强烈的渴望。他的父亲虽然没有表示支持，但还是通过自己的关系找到墨尔本《时代报》的老板，这个老板很给面子，为基思安排了一份工作。

基思工作很勤奋，他发现他的口吃反而成了他的"秘密武器"，因为口吃，他可以轻易赢得采访对象的同情。

基思生活很节俭，过得很清苦。为了能够在伦敦经济学院学习并治愈口吃，他努力节省每一分钱。

到了1908年，基思23岁的时候，他终于攒够了500英镑，这些钱够他买一张去伦敦的船票，并负担一年的生活费。

到了伦敦之后，基思对伦敦的环境感到万分失望。他发现他渴望来到伦敦实现的两个愿望都无法实现，一是他压根儿没法跻身英国的新闻界；二是他也没法治愈自己的口吃。他独自在伦敦生活了两年，越发想念家人。

1910年，基思和他的口吃一起回到了墨尔本。1912年，他成了悉尼一家晚报《太阳报》驻墨尔本议会记者。他对政治的热情终于找到了得以施展的平台，兴趣也越来越强烈。

很快，基思就迎来了他事业的转折点。

一战期间，英国军队于1915年4月25日在加利波利半岛实施登陆，遭到了土耳其军队的顽强抵抗，英军最终惨遭失败，同时参战的澳新军团也损失惨重。谁应该负这个责任？许多澳大利亚人认为英国人难辞其咎。

身为记者的基思打算去战场探寻真相，于是便奋不顾身来到了加利波利海滩，成为一名战地记者。而后，目睹了真相的他不禁被士兵们的痛苦和英国人的无能指挥惊呆了。

他决定公然违抗英国的新闻检查制度，把事情的真相全部报道出来。结果，因为他报道的真相，英国的总指挥官被撤职，与土耳其的战争被勒令停止，还成立了皇家委员会专门来调查此次战争。

这是一场被一些历史学家视为不必要的战役。而基思·默多克靠一己之力，结束了这么一场不必要的战争，这让他名声大噪，迎来了他新闻事业上的第一个巅峰。

也是因为这次报道，基思·默多克和英国现代新闻事业创始人北岩勋爵诺斯克里夫成了好朋友。诺斯克里夫对基思的事业和生活产生了很重要的影响。他们之间既是朋友，又情同父子。诺斯克里夫让基思担任联合电报公司的伦敦分部编辑，年薪 1200 英镑，合同为期 3 年。

基思的工作一如既往的出色，并且还把新闻业务扩展到了印度和南非。在同事们的印象中，基思是一个雄心勃勃、热情奔放的澳大利亚人。

父亲开创了自己的报业时代

1920 年，基思引起了墨尔本《先驱报》和《泰晤士周报》公司总裁的注意，为他提供了《先驱报》编辑职位，年薪 2000 英镑，诺斯克里夫敦促基思接受了这个职位。

基思接手的时候，《先驱报》发行量大约 10 万份，没有多少竞争力。不仅版面设计差，文章也缺乏自己的风格，让人读起来觉得枯燥无味。报社的风气也不正，记者竟然被报纸老板认作是没有多大用处的人，几乎和"吃闲饭的"画等号。基思的到来改变了这些不正常的状况。他认为，记者是绅士，也是一家报社的核心竞争力，应该被认真对待。

基思开始每天张贴公告，批评或者表扬工作做得不好或者优秀的人，就是要让记者们知道，他们的工作是值得被关注的。

基思对《先驱报》进行了不少大刀阔斧的改革。他在诺斯克里夫的建议下，开设了一个妇女专栏。他还压缩了评论的篇幅，使文章灵活、明快。同时竞争机制也被他建立了起来。基思还很重视《先驱报》在商业方面的管理。

很快，他又迎来了事业的一次小高潮。

在他出任编辑几个月后，墨尔本的一条大街上，出现了一起年轻姑娘被奸杀的事件。《先驱报》大篇幅报道了这一事件，甚至悬赏那些愿意提供线索的人，这一系列举动成功吸引了读者的眼球，报纸发行量大增。

就这样，虽然澳大利亚的新闻界竞争一直比较激烈，但基思还是让《先驱报》成了当地最具竞争力的一份报纸。

不久之后，诺斯克里夫到墨尔本拜访了基思，并在《先驱报》董事会成员面前，高度称赞基思"为《先驱报》找到了赚钱的唯一途径"。

"你们必须支持他，这个年轻人是值得你们支持的。"诺斯克里夫说。这让《先驱报》集团的董事们非常满意。

1926 年，基思成了《先驱报》集团董事会成员，并在两年后，进一步成了执行董事长。

20 世纪 20 年代末，基思开始扩张《先驱报》集团，发行或收购了许多杂志，并买下了竞争对手《太阳新闻画报》，这份报纸也成了《先驱报》集团最赚钱的报纸。《先驱报》集团还收购了 SBD 电台，因而也成了澳大利亚第一家进入广播事业的报纸出版商。基思还引进了新式印刷机械，出版了第一份广播画报。

这时候的基思已经注意到了美国开始出现全球范围的报纸"连锁店"经营模式，他也决心在澳大利亚建立起这样的网络。

基思立刻采取行动，购进了澳大利亚各地多家报刊，一步步构建起了他的报业帝国，开创了属于自己的报业时代。

由于在报纸行业的突出贡献，基思在 1933 年被澳大利亚政府授予爵士头衔。

当慈父遇上严母

在基思·默多克 40 岁时，他仍然醉心于工作，独自生活着。他在墨尔本郊区买了一栋大房子，有一个仆人，热衷于古董收藏。他本以为自己会一辈子都过着这样的单身汉生活。

到了 1927 年，转机出现了。

基思管理的一份杂志《恳谈》计划刊登的一张照片，放在了他的办公桌上。照片上是一位年仅 18 岁，名叫伊丽莎白·格林的年轻演员的照片。基思被一击即中。他被她严肃、清秀的面庞深深吸引住了。随后，他安排在一个舞会上接待她，他没敢邀请她跳舞，但邀请她第二天开车去海滩。

年轻貌美的伊丽莎白很爽快地答应了，但这给她也带来了不小的麻烦。在 20 世纪 20 年代，伊丽莎白的家庭很保守，她的父母认为一个年轻姑娘和一个 40 来岁的男人在一辆汽车上共度一整天，简直是闻所未闻。但最后，陷入热恋的情侣在认识一年后的 1928 年夏天结婚。

基思的眼光很棒。伊丽莎白是一个有主见，而且性格果敢的女孩，结婚后，伊丽莎白成了一位贤惠的妻子。在有了孩子之后，又成了一位严厉但优秀的母亲。

大概是因为基思到了 43 岁才有了孩子，所以在他眼中，孩子都是宝贝，他成了一个绝对的慈父。相对年轻的伊丽莎白则要理智一些，她总担心基思会把孩子们宠坏，因此扮演了严母的角色。

特别是对默多克。父亲基思对他唯一的儿子很是喜欢，甚至有点溺爱，为了纠正默多克在父亲的宠爱下养成的任性和娇气，伊丽莎白专门为默多克在花园里盖了一间小木屋，只有在寒冷的冬天，默多克才可以和父母以及姐妹们一起在大房子里睡觉。从春天到秋天，太阳下山，全家吃完晚饭、读书看报以后，母亲就要求小默多克去花园的小木屋里睡觉。

最初，母亲还时常在小木屋里陪伴默多克，等他睡着后才返回大屋。渐渐地，默多克开始喜欢上了这间小木屋，于是，母亲就让他自己一人在小木屋里睡觉。

父亲基思于心不忍，几次三番地想打退堂鼓让小默多克搬回大屋睡觉，但母亲伊丽莎白总会对基思说，在外面睡觉对他们的儿子很有好处，这是对他的一个锻炼。他还要适应自然界的黑暗，适应独处，这样做会让他变得更勇敢。就这样，默多克在小木屋里一住就是好几年。

实际上，这个花园里的小木屋是一个美妙的小房子，屋内有电灯，有一张床，还时时可以看见萤火虫，而且夏天的时候非常凉爽。默多克越来越喜欢他的小木屋。

值得注意的是，默多克日后的表现也证明了母亲在他身上做的"试验"发挥了非常好的效果。默多克一路走来，能够适应各种各样的公司、职位，也能适应各种环境。无论身处何种境地，面对何种复杂多变的局面，他都能即时调整自己去适应这个快速变化的世界。

总之，伊丽莎白对孩子们很严格，甚至可以说是严苛，她会为孩子们制定较高的标准和要求，并让他们努力去达成。

她很少亲近和迁就孩子们。她每次都会监督他们按时完成自己应该做的事。她还经常带孩子们修整花园，打扫自己的房间，并让他们亲自动手照顾自己的马匹。她甚至还会让孩子们自己选择劳动种类和方式，然后计件从她那儿领取相应的报酬。

"在那些日子里，他们可能全都认为我是一个旧式的、残忍的母亲。"她说，"但我认为，他们现在一定能够体会当时我那样做的好处。"

的确，母亲的严厉并不妨碍默多克与母亲之间的亲密，默多克与母亲的感情一直很好。

"是母亲的严格要求让我懂得了世界上没有免费的午餐，财富要靠自己去创造，自己的事情应该自己去完成。"默多克在谈到母亲对他的影响时说道。

就是这样一对慈父严母的组合，在家庭生活中形成了一种刚刚好的平衡，对于孩子们的教育和成长起到了非常积极的作用。

母亲为子迁居

中国古有孟母为子三迁的佳话，伊丽莎白同样也是个为子迁居的母亲。

鲁伯特·默多克的出生令全家欣喜不已。母亲伊丽莎白认为他们当时居住的偏僻小镇不利于孩子的成长。于是郑重向丈夫建议迁居。基思一开始是拒绝的，他认为这是家族世代居住的地方，不能轻易舍弃，但伊丽莎白却很坚持。最终，基思被说服。

1932 年，也就是在默多克 1 岁的时候，全家搬离了地理位置偏僻、交通不便而且信息闭塞的小镇。

他们在墨尔本附近的海边买下了一块地，并打造成了一个农场。这里成了孩子们成长的乐园。在这个宁静而美好的乡间农场里，默多克常常坐在炉火边听母亲读书、讲故事。

默多克非常快乐地度过了自己的童年，并且对于澳大利亚的乡间有着非常深厚的感情。童年快乐的生活影响了默多克的情操和情趣，他一辈子都热爱着自己的祖国和家乡。

"我想，优越的环境一定会对孩子们的成长有利。"这是当时母亲伊丽莎白在劝说丈夫迁居时说的话。事实证明，伊丽莎白是对的，她是一个睿智的母亲，她为她的孩子们严格挑选了一处适合他们生长的土地，为孩子们的成长奠定了良好的基础。

一出生便与报纸结下不解之缘

1931 年 3 月 11 日，午夜，墨尔本一家私人医院，基思·默多克焦急地等待在产房外。突然，一声婴儿的啼哭打破了医院的宁静，基思迫不及待想要冲进产房看孩子。当护士告诉他是个男孩时，他欣喜若狂。

"基思·默多克之妻于 3 月 11 日午夜在墨尔本埃文赫斯医院产下一子。"1931 年 3 月 14 日的《世纪报》头版刊出了这么一则消息。

基思这个出生 3 天的尚未取名的儿子，就这样第一次登上了报纸，还是头版。这似乎预示着他这一生都将与报纸联系在一起，难舍难分。

最终，这个孩子沿用了父亲和外公的名字，得名基思·鲁伯特·默多克。人们为了避免与他父亲混为一谈，一般称他为鲁伯特·默多克。

因为鲁伯特·默多克是家里唯一的男孩，基思·默多克从小就对他寄予了很高的期望。基思经常带着小默多克到他报社的办公室去玩耍，小默多克每次到那里都非常兴奋。

新鲜出炉的报纸散发的油墨味让小默多克着迷，印刷机发出的轰鸣声让他兴奋，小默多克在报社里走来走去，周围的一切都让他感觉那么美妙，简直是妙不可言。

父亲基思每次都要花费很多力气才能说服他回家。而一回到家，小默多克就会向他的姐妹们眉飞色舞地讲述他在报社的美妙经历，并总会感叹："报社是全世界最好的地方，出版商的生活是全世界最好的生活！"

而随着父亲基思在报纸行业的事业越做越大，他的权力也越来越大，默多克从很小的时候就注意到了父亲的权力，并为之感到深深的骄傲。

从小就有生意头脑

默多克的童年是在农场上度过的，无忧无虑。那是一个典型的澳大利亚牧场，默多克特别喜欢。"它使我对澳大利亚的乡间有一种神奇和不朽的感觉。"

默多克和姐姐海伦整天忙于骑马或者捕捉兔子和水鼠。默多克小小年纪但已经很有经济头脑了，他会将他们捕捉到的动物的毛皮拿去卖钱。水鼠皮最值钱，但也最难捉。他们小心翼翼地从倒下的树上过河，寻找水鼠的洞穴，轻轻地安放好用线编织的套子，拿出一小块肉，再放上一些茴香。

这些准备工作都做好之后，两人静静地在附近躲起来。香味把水鼠吸引出来，落入事先下好的套子里，一旦成功落网，默多克和海伦就会立即出现，取出水鼠然后剥皮。剥皮可是个又脏又不好干的活儿，默多克每次都喊姐姐海伦来干这个活儿。然后他拿着水鼠皮去集市上卖，每张能卖6便士，他却只分给海伦1便士。

除此之外，默多克还经营肥料和兔子生意，他在牧场一带捉一些兔子，然后到附近海滩去卖，编制装兔子和肥料口袋的工作又被默多克交给了他的姐妹们，每次卖到好价钱回来，默多克只是象征性地给三个姐妹分一点点。这是默多克从小就展现出来的商人特质。

而默多克的母亲说，她认为鲁伯特是一个普通的小孩，比较顺从、听话，充满想象力。他喜欢真实的东西，喜欢那种能亲手操作的玩具。他不愿意花时间去听虚构的故事，他喜欢与现实联系起来。默多克的姐姐海伦也同意："比如，他就不喜欢演戏的游戏。"默多克的母亲还注意到他的另一个性格：不能忍受待在家里。对姐姐海伦来说，默多克是一个温和的小孩，但他又是"一只孤独行走的小猫"。

喜欢现实，不喜欢虚幻；热爱赚钱，有商业头脑；不喜欢待在家里，喜欢去外面的世界独闯……这些从小就在默多克身上显现出来的特质，似乎都在预示着他日后的传奇。

严母的坚持与远见

母亲在关于默多克的教育问题上总是有着自己的坚持。

在默多克 10 岁的时候，母亲伊丽莎白打算把默多克送到寄宿学校去。父亲基思以儿子年纪还太小无法自己照顾自己为由，反对这一做法。但伊丽莎白却坚持她的想法不让步，她对基思说："在寄宿学校的生活能教会儿子如何与他人相处，这对孩子绝对有益，有助于培养儿子无私的精神。"

而当默多克一个人远赴英国牛津大学读书期间，父亲基思更是放心不下。

恰逢这时候的默多克，年轻气盛，基思总担心他贪玩，不好好学习。有一个学期，默多克学习不努力，考试成绩很烂，基思知道了以后，气了好几天。甚至想把默多克叫回来，在澳大利亚的报社工作，自己亲自去管教他。

这个时候，又是母亲伊丽莎白站出来，坚决反对基思的这个决定。"默多克没有在学习上闪闪发光，取得成就，因而他的父亲担心他在浪费时间，其实我们也都希望他能够独自在外生活更长时间，得到充分的磨炼。基思害怕他没有能力继承家业，才产生了这个想法，我觉得只要好好跟默多克说明白，他是可以理解到我们的苦心的。"母亲伊丽莎白谈及此事时说。

伊丽莎白一边说服着丈夫基思，一边给儿子默多克写了一封信，向他阐述了他父亲的想法，然后严厉地警告他："如果你再这样令我失望，我对你的最后一丝尊重将会荡然无存。"看完信后的默多克脊背发凉，母亲的话震动了他，在母亲的鞭策下，他开始珍惜得来不易的学习机会，并慢慢显露锋芒。

设想一下，如果当时没有母亲伊丽莎白的劝阻，父亲基思真的把默多克召回家中"管教"了，那可能也就不会有今天闻名世界的传媒大亨了吧。

而母亲的坚持挽救了默多克，使他得以在牛津完成学业，学到自己想学的东西。

这就是母亲的远见。她在默多克的教育问题上，总有自己的坚持，而且这些坚持，在之后的时光里都被证明是正确的。

上中学创办了第一份刊物

10岁那年，默多克的母亲不顾父亲基思的反对，坚持把默多克送到了寄宿学校。

进入学校不久，默多克就发现，很多人并不喜欢他一直敬仰的父亲。默多克在这些人面前当然是竭尽所能地维护自己的父亲，这不可避免地让他受到了排挤。

他感到孤独。但每当他感到孤立无援的时候，童年独睡小木屋的经历就会跳出来，给他信念和力量，帮助他渡过难关，这得感谢母亲伊丽莎白从小对他的磨砺。

也正是这份排挤和孤独，让年少的默多克悟出了一个道理：凡事得靠自己，特别是，要成为他梦寐以求的出版商或者传媒帝国的首领，更得靠自己。

想明白了这些，默多克开始不那么在意被排挤这件事了。他也尝试去参加各种校园活动，并慢慢受到了瞩目。他也终于与他从小就中意的报纸打交道，担任起了校报的编辑。

6年后，当他完成了在寄宿学校的学业后，他选择留下来多学习一年，并创办了他的第一份刊物。默多克的办刊宗旨是：让所有人畅所欲言。他找学生里的精英人物为他的刊物撰写文章，题材包罗万象。他创办的刊物非常受欢迎，大获成功。

默多克也因此在学校名声大噪。为他的中学时光画上了一个圆满的句号。

父亲为默多克争取到留学牛津的机会

从寄宿学校毕业后，在父亲基思的安排下，默多克进入《论坛报》做了一名见习记者，专门与警察局和法院打交道。

没多久，父亲基思的朋友为默多克在牛津大学伍斯特学院争取到一个入学名额，默多克夫妇十分高兴。

特别是父亲基思，他希望默多克能够在牛津接受系统的高等教育，同时对外面的世界多一些了解，学成归来后可以继承家族的报纸事业，并将之发扬光大。

为了让儿子默多克更加适应英国的生活，在默多克正式进入牛津伍斯特学院学习之前，基思安排他到英国伯明翰的《伯明翰新闻报》当实习记者。

这也是默多克第一次离开家乡澳大利亚，一个人远赴英国生活。

父亲基思特别放心不下。

"亲爱的孩子，我希望你不要太累，一定要合理地充分利用时间，保持身体健康。我相信你将非常充实圆满地离开伯明翰，高兴地对你的同事、你的老板和你的朋友说再见。"基思在写给默多克的信中，把一位慈父对于第一次远离家乡的儿子的那份放心不下表现得淋漓尽致。

父亲的担心有些多余了。

默多克在《伯明翰新闻报》度过了一段美好的时光。报社让他主持"闲话栏目",他非常乐在其中。

工作之余,他非常热衷于伯明翰当地一项流行的体育活动——跑狗。全城老百姓都对这项活动着迷。默多克经常看见人们仔细阅读报纸中对跑狗比赛的报道。他逐渐注意到体育版是这家当地小报最受欢迎的版面。

1950年,19岁的默多克正式进入了牛津大学伍斯特学院。

父亲想为儿子留下更多遗产

这时,父亲基思已经65岁,他的权力和资本逐渐走下坡路。他在《先驱报》集团里,权威也开始逐渐下降。

20多年来,他经常犯心脏病,其间还动过一次手术,到了60多岁,他的身体越来越弱。

1949年,父亲基思终于卸下了《先驱报》集团总裁一职,但仍然保留董事的职位。在集团召开的董事会上,他有时还会发表自己的一些观点,但这个集团中的年轻一代领导者们都有着他们自己的看法和见解,拒绝接受基思的建议。基思爵士感到很失望,他开始意识到岁月的无情,他已然不再年轻。于是,他开始转移精力,把大部分时间放在对自己生意和家庭的经营上,他想尽可能地为儿子默多克留下一个基础还算扎实的报业王国。

在牛津读书期间,父亲基思把他们家所经营的报纸的发展现状陆陆续续写信告知默多克,一方面是希望能够引起他的兴趣,另一方面,基思对自己的身体状况越来越不乐观。他总感觉自己时日无多了,因此特别想要安排好一些身后事,比如,想要为他的妻子和儿女留下一大笔钱,足够他们日后生活。而作为一名父亲,基思最渴望的,还是想要给默多克留下一个有一定规模的报业帝国。

事实上,在父亲基思生命的最后四年里,他在商业上进行的每一笔交易，都跟这个目的直接相关。

父亲的最后一搏

1951 年，基思决定休息一段时间，做他生命中最后一次环球旅行。

基思买了一辆崭新的福特牌轿车，并告诉儿子默多克："我们可以驾着这辆车做一次贯穿欧洲的旅行，然后在中东地区将车装船托运回澳大利亚。"

就这样，父子俩开车在欧洲一路游历，最后在希腊雅典分开。基思从雅典飞回了澳大利亚墨尔本。

后来，默多克伤感地回忆："这是我最后一次看见父亲。当时我只顾着看风景，没有太多注意我的父亲。"

回到澳大利亚后，基思的病情进一步加重，他的焦虑也更深了。他为先驱集团开创一个时代，但是到老了却不能确认留下足够的钱财供他的家庭在他去世后舒适无忧地生活。他和妻子伊丽莎白都觉得先驱集团亏待了他。

在给银行经纪人、会计和默多克的信中，他絮絮叨叨，一再表达他的忧虑，他如此忧虑的一个很重要的原因是他太想给默多克留下发展一个报业实体所必需的基础了。

因此，基思竭尽全力地提高他在公司的股份，到了 1951 年年底，他出售了更多他在先驱集团中所拥有的一些小公司的股票。他写信给默多克说，他尽可能地争取用抵押贷款的方式去购买更多新闻公司的股份。

默多克不赞成父亲的做法。

"他其实自己也清楚，在他持有的微不足道的股份的先驱集团中，没有什么我可以施展的空间了，他想在报界极力为我争取好机会。"默多克后来说。

集团中各种权力斗争迅速公开化，家族资产不断减值，默多克要想继承公司，可以说是麻烦重重，步履维艰。

"我还不能死。" 基思在 1952 年的时候曾说："我一定要看到我的孩子羽翼丰满，绝不能丢下他像羔羊般任那些人宰割。"

因此，基思制订了一个秘密计划。他劝说先驱集团去购买墨尔本的《阿格斯报》，这家报纸属于英国伦敦的镜报集团，当时已经出现了严重的亏损，他让先驱集团买下《阿格斯报》，然后让它与集团里其他的报纸竞争。

另外，他又完全退出先驱集团，去买下了墨尔本的《守卫者报》，并将它投入先驱报及时代周刊集团的竞争当中。他所做的这一切都是在为儿子今后的事业扫清障碍，做铺垫。

"默多克给家里的信写得太少了，对此我很不放心啊。他刚走的时候还能做到按时写信，也挣得到学分。" 基思在给好友写的信件中表达了自己的担忧。

父亲离世

1952 年 10 月 5 日凌晨，默多克的父亲基思在睡梦中离世了。就这样，他把他辛辛苦苦打拼的新闻事业，把一个家族的命运统统交到了年仅 21 岁的儿子手里。

默多克接到电报之后，简直不敢相信自己的眼睛。他马不停蹄地往家里赶。在接到电报 3 天后，他赶回了家中，精疲力竭，情绪低落。

母亲伊丽莎白没有因为他的迟到而推迟葬礼，基思在 10 月 7 日被安葬。基思·默多克的葬礼也成了墨尔本名流的一次聚会，场面颇为壮观。

母亲伊丽莎白是主要的送葬者，陪伴她的有女儿们，还有基思的两个兄弟和两个侄子，而基思事业和遗产的主要继承人默多克则因为还在赶往澳大利亚的路途中而缺席了。

安排好父亲的后事，默多克和家人讨论了父亲的遗产。

父亲基思爵士在 1948 年订立的遗嘱中，"期许吾儿鲁伯特·默多克终生致力于造福人类的新闻事业，并经我的受托管理人之辅佐，在这一领域内施展宏图"。

但在父亲基思生命的最后四年里，他的商业运气一直时好时坏，因此，有三个遗嘱附录也补充进这个遗愿。基思爵士留给默多克一笔昆士兰新闻公司的股票，默多克还继承了一个小型投资公司，这家投资公司控制着阿德莱德《新闻报》和布里斯班《信使邮报》两家报社的股票。

处理完父亲的后事，默多克很快又回到牛津继续学业了。而母亲伊丽莎白则卖掉了布里斯班《信使邮报》，因为觉得无法支付他们的运营费用。

默多克感到非常丧气，因为他原本是想把两家报社都继续经营下去的。他觉得如果他一直待在澳大利亚，那么他一定能够说服母亲把两家报社都留下。

一夜长大

但不管怎么说，父亲的离世，都让默多克一夜间长大了。

他开始认真考虑如何继承并经营好父亲留给他的遗产和期望。在牛津继续学业的他仍然关心着剩下的另一家报纸阿德莱德《新闻报》的经营情况。

"我充满着想法、计划和梦想，我几乎不能等到回去。"默多克在给友人的信件中表达了对想要接手好好经营阿德莱德《新闻报》的急切。

为此，他拼尽全力，以最快的速度完成牛津的学业。

但默多克就是默多克。毕业后，他并没有直接回到澳大利亚，而是决心在经营自己的报纸之前，先博采众长，好好充实自己。

他原本计划去美国，对美国的报刊进行一番调研。但后来，他决定就留在英国伦敦，进入《每日快报》，担任助理编辑一职。《每日快报》对想要从事新闻工作的人而言，是所很好的学校。默多克在《每日快报》工作期间，收获了很多。

工作之余，默多克把所有的时间和精力都花在思考如何提高阿德莱德《新闻报》的发行量上。他下定决心一定要回去好好经营阿德莱德《新闻报》，他想要脚踏实地工作，不指手画脚，不给别人留下趾高气扬的印象。"我将接受大家一段时间的考察。"默多克甚至虚心地向友人这样表示。

1953 年 9 月，在父亲基思去世将近一年之后，默多克决定回家了。年仅22岁的他，回到了澳大利亚阿德莱德，正式接管了他继承的遗产，担任《新闻报》的出版人。

父亲留给他的这几份报纸成了默多克一生新闻事业的起点。从此，他开启了缔造全世界最大、最知名传媒帝国的壮丽篇章。

缔造自己的传媒帝国

在接手父亲留给他的几份报纸的几年之内，默多克就将其扭亏为盈，并一步步发展壮大。

默多克的野心远不止于此。

1956 年，默多克买下了《星期日时报》；1960 年，默多克买下了《悉尼每日镜报》和《悉尼日报》。1964 年，默多克创办了全国性大报《澳大利亚人报》。完成了在澳大利亚的初步布局。

1969 年，默多克杀出澳大利亚，登陆英伦，成功收购了《世界新闻周刊》和《太阳报》。这本来是两份已经没落的报纸，但经默多克接手经营，凭借着耸人听闻的标题，形形色色的名人隐私以及无奇不有的奇闻逸事，神奇般地走红，没过多久读者就增加到 400 万人，一跃成为当时全世界街头小报登峰造极的偶像和模仿对象。

1973 年，默多克又跨过大西洋，进军美国，把美国《圣安东尼新闻》和《星报》弄到了手。1976 年，他先后收购《纽约邮报》和拥有《纽约》《乡村之声》《新西方》等周刊的纽约杂志公司。

1981 年，默多克看准时机，购买了象征着大不列颠体面和尊严的，有着 200 年历史的《泰晤士报》，至此，默多克真正开始名扬世界。

不得不佩服默多克精准的眼光和判断力，他总能找到那些大有前途的报纸，然后果断据为己有，大把赚钱。

他购进的步伐还远没有停止。

1984 年，他买下美国的《芝加哥太阳时报》。

1985 年，默多克买下 20 世纪福克斯电影公司，但他看中的其实不是电影公司，而是该公司下属的福克斯电视台。默多克用了一年的时间，把这家名不见经传的小型独立电视台改造成了一个结构合理的电视网，从此这家电视台就一发不可收拾，拥有的会员数从最初的 12 家电视台发展到 188 家，与美国老牌电视巨头比肩。不久，他又购买了即将破产的英国天空电视台，然后又靠着他的魔力让它起死回生。现如今，英国天空电视台成了欧洲电视节目发射中心之一。

1993 年，为了进入中国市场，默多克购买了香港卫星电视网。香港卫星电视台通过技术上的优势，在亚洲电视淘金中占尽先机，为默多克的电视节目和影视产品赢得了全世界近一半的观众。

1999 年，默多克宣布其麾下的新闻集团正式转型为国际网络公司。他指出，报纸印刷年代就要结束。

默多克的新闻集团开始策略性地投资互联网、数码电视和无线通信产业。

到了 2000 年，默多克开始尝试与雅虎合作，并与诺基亚公司讨论在无线网络发展方面的合作。而默多克新闻集团旗下的子公司更是已经建立了多家新闻、健康医疗和电子商务网站。

到了 2007 年，默多克再一次瞄上了报纸，斥资 56 亿美元收购了道琼斯，将《华尔街日报》揽入怀中。

经过 50 多年的奋斗，默多克成了当今世界上最庞大传媒帝国的缔造者和领导者。默多克的传媒帝国覆盖全球约三分之一的人口。可以说，在当今这样一个信息时代，默多克拥有的各式各样的媒体正成为人们接触外部世界的眼睛和耳朵，在一定程度上形成了信息垄断。不夸张地讲，我们每天读的报纸，看的电影、电视，欣赏的小说甚至于喜欢的球队里，都有这个其貌不扬的澳大利亚人的影子。

但半个世纪过去了，报纸却依然是默多克新闻集团的支柱。作为当今世界上最大的英文报纸出版商，默多克掌控的集团在全球范围内发行 170 多种不同的报纸，控制了澳大利亚三分之二的报纸，英国的《太阳报》《泰晤士报》等 40% 的报纸。而这一切，是从接手他父亲传承下来的那两家小小的报纸开始的。

他始终喜欢将自己称为"报人"，这就是一种血脉相承，父亲传给他的，流淌在血液里的东西，永远无法改变。

收复父亲的失地

1979 年 11 月 20 日的早晨，鲁伯特·默多克大步走向父亲基思当年在《先驱报》的办公室。也就是在这间办公室，让当时还是孩子的默多克第一次走进了报纸和新闻业的世界，见识到了报纸和出版的魅力并为之深深着迷。也是在这里，他领略了父亲的权力和权威。

但也是在这间办公室，父亲慢慢年老，走下权力和权威"神坛"，并感觉遭受到了不公平的回报。

想要再现、延续父亲当年的神勇也好，想要报复父亲晚年受到的不公正待遇也好，那一刻的默多克，心头应该有多种情绪涌上来。但显然，激动和喜悦占了上风，因为，他迫不及待地告知《先驱报》的董事长，"我现在要买下《先驱报》"。

这是他期盼已久的时刻。

在经历了四分之一个世纪之后，他试图收回他父亲花费毕生心血创下的基业。《先驱报》一直都是默多克家族精神的一个组成部分，但自从父亲去世以后，《先驱报》变成了默多克的敌人。他落入竞争对手手中，时时刻刻都在跟默多克作对，想方设法限制默多克的发展。

默多克出价每股 4 澳元，希望买下 50% 的股份。

但是这一次，他失败了。当时《先驱报》的经营者又转向了默多克的竞争对手，使得默多克的梦想落空了。

默多克继续默默积蓄力量。

7 年之后，1986 年 12 月，默多克又一次来到《先驱报》父亲的那间老办公室，宣布他准备第二次购买整个公司。

当时，《先驱报》所在公司的股价是 8.5 澳元，默多克出价每股 12 澳元，整个报价价值 18 亿澳元。

这一次，公司董事会终于妥协了。《先驱报》用醒目的标题宣布了这一消息。

那一晚，默多克和母亲伊丽莎白举办了一个记者招待会。

默多克承认，是情感上的因素促使他完成了这笔交易。"这是一种挑战。

它带给我无与伦比的感觉，是令人心颤的经验和感受"。

默多克和母亲的照片都上了报纸。另外，还有一张他父亲的半身照片，正是在《先驱报》的大楼走廊里拍的。

默多克无拘无束。在他所做的每一件事情中，都有很重要的情感因素。他是用心去做的，尤其是在购买《先驱报》这件事上，母亲伊丽莎白在接受采访时说："这是一种很自然的情感。我非常高兴默多克回到了这家报社，这正是他的父亲所希望的。"

"他的父亲死得早，这对于默多克来说，是一个巨大的挑战。在潜意识里，他要证明他是值得父亲信赖的，对得起父亲对他的所有夸奖。这可能也是他成功的秘密。"母亲伊丽莎白说。

《先驱报》成为默多克在澳大利亚的最大一笔投资，他终于实现了荣耀家族的目的。

子承父业的最佳范本

默多克 22 岁从父亲那里继承了家业，从此便孜孜不倦投入一场又一场战斗中，他不断改变和更新自己的目标，始终立足于高远的目标，始终不满足于现状，最终，缔造了全世界最庞大，也是国际化程度最高的传媒帝国。

这可以堪称子承父业的最佳范本。父亲对儿子最大的期待，就是自己钟爱的事业可以在儿子手上得以传承和发扬。而儿子在父亲离开以后，似乎一夜长大，从此以不负父亲的期待为使命，一步一步把从父亲手中接下的家业做成了称霸全球的 No.1。

其实，默多克从父亲那里继承的远不是几份报纸那么简单。父亲给予他的，还有一份仿佛流淌在血液中的对报纸的热爱，以及在耳濡目染中教给他的，如何去经营好一份报纸的天赋和能力。

　　父亲基思在少年时期就立志从事新闻行业，因为他发现了自己对于新闻的热情和激情。而默多克更是在他童年时期，就近水楼台先得月，喜欢上了报纸，喜欢上了出版。

　　不得不说，这就是一种血脉相承，父子俩的志趣惊人的一致。即便到了现在，默多克仍然喜欢称自己为"报人"。

　　不仅如此，默多克从小耳濡目染，学会了很多父亲经营报纸的"诀窍"。

　　童年的小默多克，一到周末，就喜欢躺在父亲的床上，目不转睛地看着父亲认真读报纸、做标记，评出好的和差的文章。看在眼里，记在心里。默多克把这个好习惯沿用了下来，在他日后的报业生涯中，他也同样喜欢通过做标记来区分文章的好坏。

　　默多克能够把父亲传承给他的事业越做越大，也离不开母亲从小的教育和支持。

　　母亲伊丽莎白是个严母，但她对于默多克的严格并不是建立在暴力和扼杀天性的基础上的。严厉的背后，依然是满满的爱，这是一份用爱铸就的严厉，这是母亲伊丽莎白教育之所以成功的关键。默多克与母亲的关系一直十分亲密。

　　默多克的父亲基思去世后，母亲伊丽莎白一方面在精神上支持着默多克的事业，另一方面开始把全部精力投入到了慈善事业。从此，默多克对母亲又多了一份敬仰。"我们的母亲终其一生展示了真正为公众服务的最优秀品质。她投入的精力和个人的奉献，让我们的国家有了更多希望，许多人都将缅怀她。"默多克不止一次这样表示对母亲伊丽莎白的赞叹。为表彰她对公益事业的贡献，伊丽莎白1963年被授予大英帝国爵级司令勋章。

　　默多克是一个传奇。他在母亲的支持和见证下，打造了一个子承父业的最佳范本。

第九章

巴菲特：如父般的"孤狼"

人物名片：

沃伦·巴菲特

"股神"，世界知名投资商，从事股票、电子现货、基金行业。

2015年美国当地时间9月29日，《福布斯》发布的美国富豪400强榜单显示，沃伦·巴菲特凭借620亿美元财富排名美国富豪第二名，这也是他自2001年以来的一贯排名。

巴菲特2006年6月25日宣布，他将捐出总价达300多亿美元的私人财富投向慈善事业。这笔巨额善款将分别进入比尔·盖茨创立的慈善基金会以及巴菲特家族的基金会。巴菲特捐出的300多亿美元是美国迄今为止出现的最大一笔私人慈善捐赠。

也因此，巴菲特被美国人称为"除了父亲之外最值得尊敬的男人"。

父亲：霍华德·巴菲特
母亲：利拉·斯塔尔

巴菲特从小痴迷于投资赚钱，4 岁开始做生意赚钱，11 岁时就买入第一只股票，从此跃入股海。

最终，他凭借持之以恒的对投资的实践热情以及不断地钻研、学习，成了有史以来最伟大的投资家，他依靠股票、外汇市场的投资，成为世界上数一数二的富翁。并且，他倡导的价值投资理论风靡世界。

"股神"的诞生，与他的家庭有什么关系吗？

巴菲特的父亲，霍华德·巴菲特就是一个股票经纪人，他为巴菲特了解股票打开了一扇窗，虽然他对投资赚钱的兴趣并不是很大，但却很支持巴菲特，巴菲特学习投资之道的过程中，他都尽其所能地帮助。

并且，霍华德始终在提醒巴菲特不要忘了一点，即保持正直的秉性，不要为了金钱而忘记责任和良知。巴菲特谨听霍华德的教诲，继承了霍华德身上端正的品行。

父亲是巴菲特最尊敬的人，也对巴菲特的"股神"成长之路影响颇深。

大股灾之时，诞生之日

20 世纪 20 年代的美国，虽然股票市场已经充满了泡沫，但是却吸引了普通民众首次进入股票投资领域。

1927 年，沃伦·巴菲特的父亲，霍华德·巴菲特也决定进入这个行业，他在内布拉斯加州联合州立银行谋得一份股票经纪人的工作。

股票的繁荣在两年后戛然而止。1929 年 10 月 29 日，"黑色星期二"，股市单日市值下跌了 140 亿美元，4 倍于美国政府年度预算的财富在几个小时内蒸发。1929 年的市场损失达到了 300 亿美元，已经接近美国在一战中的开支了。

银行破产和自杀事件屡屡发生，没有人再想要股票，重新保有现金。

霍华德·巴菲特在股票崩盘的 4 个月之后，才做成了一笔交易，这笔交易的佣金为 5 美元。那段时间，霍华德的妻子利拉，常常在晚上陪着霍华德坐电车出门，霍华德在拜访潜在客户的时候，利拉就在外面等着，为的是霍华德回家的时候不会太灰心。

10 个月以后，沃伦·巴菲特出生了，比预产期早了 5 周，这是霍华德·巴菲特家的第二个孩子，霍华德焦虑不安地去见他的父亲，希望能在家庭杂货店里找份工作。霍华德的父亲拒绝了他，理由是没有钱再雇用一个儿子了，但是他说可以为霍华德支付账单。

霍华德让妻子利拉回她的娘家去，这样至少她还吃得上一日三餐。但是利拉不愿意回去。为了节省公车费，她步行采购生活必需品，她还脱离了她的教会圈子，因为轮到她提供咖啡的时候，她支付不起那 29 美分的咖啡钱。为了让自己的丈夫霍华德能够有吃的，她常常自己饿肚子。

在沃伦·巴菲特周岁生日前两周的一个周六，人们排着长队，在酷暑中汗流浃背，等着拿他们存在当地银行里的钱。他们从清晨等到晚上 10 点，队伍缓慢移动，每个人都在心里默默祈祷，希望轮到自己的时候，银行还能剩点儿钱。

那个月有 4 家银行倒闭了，储户一分钱都得不到了。霍华德·巴菲特供职的联合州立银行就是倒闭的银行之一。银行倒闭了，霍华德失业了，存的钱也都还在银行蒸发了，而且，他还有两个嗷嗷待哺的孩子。他不知道该怎么办了，那个时期，也几乎找不到别的工作。

不过，霍华德这时候表现出了他特立独行的品格。在两周内，他跟两个合伙人一起开了一家股票经纪行。对，就是在没有人买股票的时候，开一家股票经纪行。

股票崩溃带来了美国经济的增长停滞，随后便"自由落体"式下滑，一批银行倒闭，储户们被打发走。在这个大灾难中，霍华德的公司成功了。

他最初的客户都是亲戚朋友，他向他们出售安全的证券，比如公共事业股票和市政债券，在经纪行开门营业第一个月里，金融恐慌弥漫全国，霍华德却赚了 400 美元，经纪行盈利了。在后来的几个月，人们的储蓄蒸发，也不再相信银行了，霍华德还是坚持进行用一类保守的投资，这使得他的客户越来越多，生意也越做越大。

霍华德家的收入和生活状况从此开始出现转机。

出生在股灾年代的沃伦·巴菲特，从出生之时，似乎冥冥之中就注定跟股票市场有着脱不开的干系。而父亲在股灾时期的英勇表现，其实也为巴菲特日后的投资人生打开了一扇大门。

只会冲孩子大发雷霆的母亲

在沃伦·巴菲特 2 岁之后，霍华德的心脏患上了严重疾病，他不能再举重物，不能再跑步，不能游泳，生活起居受到了限制。利拉的生活从此围着霍华德转。

而沃伦·巴菲特已经长成了一个谨慎早熟的孩子，他学走路的时候总是弯着膝盖，靠近地面，保护着自己，防止自己摔倒。

在巴菲特的家里，政治、金钱和哲学是晚餐时经常讨论的话题，但是家庭感情却都不只是含蓄了，倒像是有些缺乏温情，巴菲特一家人没有人会说"我爱你"，也没有人会把孩子抱上床，哄他们睡觉并亲吻他们。

在外人看来，母亲利拉堪称一位完美的妻子和妈妈，人们对她的活力、乐观、母性和甜美印象深刻。她还喜欢滔滔不绝跟别人不断重复讲过去的事，她最喜欢说的就是她为霍华德做出的牺牲，她是如何因为没有学费而没有上完大学，霍华德在股票崩盘时候颗粒无收的 4 个月，她又是如何为了省车费天天步行去买食品。她很忙，忙着家里人的吃喝，忙着拜访邻居和参加教会活动，忙着一切都围着霍华德转。

然而，这样一种在外人看来的完美，还有利拉嘴里不断讲述的付出与牺牲，却全被利拉放到另一个出口来发泄了。每当霍华德早上离开去上班之后，小巴菲特和他的姐姐多丽丝在家里玩耍，利拉就会突然间无理由地对他们大发脾气。

小巴菲特和多丽丝不知道他们说了或做了什么，然后突然一瞬间，利拉就爆发了，孩子们过去犯过的错误都会被翻出来，喋喋不休的责骂，无休无止。利拉有时候会把这个归结为神经痛，她有长期的神经痛，她认为这是她小时候就落下的病根。但她的暴躁却从来没有在外人面前发作过。

利拉责骂孩子的内容也是千篇一律：他们的生活是来自她的牺牲，他们一无是处还不知道感恩，他们自私自利。她的责骂通常会不断重复，持续一个小时，有时甚至两个小时，直到孩子们流下无助的泪水，并且向她"认错"，她才罢休。很显然，利拉对孩子们的攻击是故意的，她在一定程度上是能够控制自己的行为的。但是，作为母亲，她如何看待自己的这一行为，外人不得而知。不过，无论利拉如何看待自己的所作所为，到小巴菲特3岁，妹妹罗伯塔出生的时候，对小巴菲特和姐姐多丽丝而言，一切都已经回不去了，他们的心理已经受到了伤害。

孩子们从没有向父亲求助过，因为他们知道，即使父亲霍华德了解了母亲的坏脾气，他也不会做什么。他会对他们说："你们的妈妈要大发雷霆了。"提醒他们母亲利拉要发火了，但是他不会干预。

不过，利拉通常是在霍华德听不见的地方才发作，火气绝不会冲着霍华德。所以，在某种意义上，霍华德是孩子们的保护伞，虽然他没法使他们免于母亲的盛怒，但只要他在，就意味着安全。

特别讽刺的是，在霍华德让家人的日子越过越好，在奥马哈的郊区建了一栋更大的房子，全家准备搬迁的时候，利拉37岁的弟弟罹患癌症，并于当年 11 月去世。同时，利拉的父亲又一次中风，身体更加虚弱。利拉的弟弟是家族唯一的男孩，弟弟没了，传宗接代的希望也就没了。利拉的姐姐甚至发誓一直要单身到 30 多岁，照顾家里的烂摊子。而精明、有心机的利拉不愿意被自己家里的变故拖累。对于利拉来说，不管发生什么事，都要实现自己的目标——拥有一个正常的家庭和正常的生活。她好像丝毫不受家里事情的影响，计划着乔迁新居并购置新家具，还雇用了一位兼职管家，家庭生活质量由此前进了一大步。

利拉显然已经成为一个更加富裕家庭里更有经验的母亲，随着她发怒频率的降低，她和小女儿罗伯塔的关系更加健康，罗伯塔知道母亲的坏脾气，却总说自己是能够感受到母亲对她的爱的。小巴菲特和多丽丝就从不这样认为，利拉对罗伯塔的母爱不能减轻他们的不受重视感，也不能减轻他们从小在心理上遭受的伤害。

不知道为什么，渴望正常家庭生活的利拉却选择忽视家庭生活中最重要的组成部分——自己的孩子。就算家里已经比较富裕了，她还是只会给孩子买大减价时不能退的衣服或者生活必需品，根本不会在乎他们是不是需要一些他们更感兴趣的小玩具。利拉对孩子的坏脾气和缺乏关爱给小巴菲特和他的姐姐童年生活造成不小的缺憾。小巴菲特甚至会尽可能长时间地待在邻居家里，也不愿意回家。

巴菲特发明的"小游戏"

小巴菲特上学前班的时候，他的爱好和兴趣都是围绕着数字打转。

6 岁左右的时候，他对用秒来精确记录时间非常着迷，想要得到一块秒表。母亲是肯定不会满足他的这一渴望的，还好，他有一个很爱他的姑姑，也就是父亲霍华德的妹妹爱丽丝，她让小巴菲特感受到温暖，她会尽可能地鼓励和启发他。但她也不会简单地就满足小巴菲特的愿望，她往往会附加一些条件，比如，小巴菲特必须吃蔬菜，一想到能够得到秒表，小巴菲特当然有了吃蔬菜的动力，最终，他得到了秒表。

有了秒表，巴菲特发明了一个新游戏——他给浴缸装满了水，把弹珠放在浴缸一头的水平边缘处，排成一排，然后把弹珠扫进浴缸，同时按下秒表，弹珠沿着浴缸的斜面向下滚，发出碰撞声，然后击中水面，落尽水中，这些弹珠你追我赶，向浴缸塞子奔去，第一个弹珠到达时，巴菲特按下秒表，宣布其为胜利者。巴菲特还让自己的姐姐妹妹来观看这个新游戏，并一遍遍让弹珠赛跑，还想尽办法提高它们的成绩。虽然巴菲特的观众（他的姐姐妹妹）很快就对这个游戏厌倦了，但巴菲特乐此不疲。

还有一个"小游戏"，或许在别人看来很无聊，但小巴菲特却兴趣盎然。小巴菲特随时随地都在思考数字，哪怕在教堂里也是，他听布道时会收集赞美诗的作曲者的出生、死亡日期来计算他们的寿命，用这个"小游戏"来消磨时间。天真的小巴菲特认为，宗教人士会因为他们的信仰和虔诚而得到回报，因此，赞美诗的作者的寿命应该高于平均寿命，但是他发现，虔诚与否好像跟长寿与否没有什么关系。这让小巴菲特开始对宗教有了怀疑，因为他感受不到宗教对一个虔诚的人的仁慈和恩惠。

可别小看小巴菲特的这两个小游戏，它们教会了巴菲特一些很有价值的事情，那就是他学会了计算概率，他环顾四周，发现任何事务都是可以计算概率的，关键就在于搜集信息，你要尽可能地搜集更多的信息，越多越好。

巴菲特开始上学了。他立刻就喜欢上了上学，因为上学让他大部分时间都不用再待在家里了。他还是喜欢收集、计算和记忆跟数字有关的任何事情。

4 岁就开始的"生意经"

在巴菲特4岁那年，姑姑爱丽丝送给他一个特别漂亮的钱包，他非常喜欢这个礼物，把钱包拴在皮带上，神气地走来走去，好像自己已经是一个富翁了，钱包里装的是数不清的美元。父亲霍华德看见巴菲特这么高兴，就想给他空空如也的钱包里装些零钱，却被巴菲特拒绝了。"爸爸，你要知道，它不会一直空着的，我会靠自己的能力把钱包填满。"霍华德听后，十分高兴，但他也以为小巴菲特是随便说说的，并没有太放在心上。

小巴菲特从此便开始暗暗实行他的赚钱计划了。

一开始总是不成功。比如有一天他把妈妈的糖果拿出来，在家门口支了一个小摊来卖，妈妈发现后很惊讶，她说："我知道你很想靠自己努力把钱包填满，但是不能在没有我允许的情况下卖掉我的糖果。"小巴菲特说："这是我向妈妈借的，很快就能还给妈妈一盒新的糖果。"可是大人不会找一个4岁的小孩买糖果，而小孩儿又没有足够的钱来买糖果，小巴菲特的第一次尝试以失败告终。

沃伦·巴菲特第一次挣到钱是因为销售口香糖，那年他6岁。

他有一个小小的盘子，里面被分成了5个部分，可以装5个品牌的口香糖，小巴菲特从祖父的杂货店里买上几包口香糖，然后开始挨家挨户向邻居推销。一位女士想要一片黄箭，但小巴菲特却坚持不拆开卖，只能一包5片一起卖。5片5美分，而这位女士只愿意掏1美分，被小巴菲特拒绝了。

虽然能够做成一笔买卖是很诱人的事，但是巴菲特却有自己的原则，如果他卖给那位女士1片，他就得把其他4片卖给别人，1片口香糖不值得他这么做。他还卖可乐，这回可是把一箱拆开来卖，卖可乐比卖口香糖赚钱，卖6罐可以挣5美分。

他把他挣来的钱都放在姑姑送给他的被他拴在皮带上的钱包里，这让他感觉自己很职业。

在巴菲特 11 岁的时候，他购买了他人生中的第一只股票，他还说服了他的姐姐多丽丝跟他一起买了他认为走势很好的城市设施股。看弟弟那么自信，姐姐相信投资这只股票一定能赚上一笔，当时那只股票的股价是每股 38 美元，姐弟俩每人买了 3 股，这用尽了他们所有的积蓄。

可是没想到，在他们买了这只股票之后，股价却跌到了每股 27 美元，这下他们俩着急了，毕竟这可是他们所有的积蓄。在放学的路上，多丽丝不断提醒巴菲特，他们的股票在下跌。也就是在这个时候，巴菲特第一次觉得，用别人的钱投资要背负压力和责任，幸好后来股价涨到了 40 美元，这时候巴菲特沉不住气了，马上抛售了手中的股票。

第一次买股票投资巴菲特为他和姐姐分别赚了 5 美元的纯利润，但在巴菲特看来，这是一个不成功的投资。这只股票在巴菲特抛售之后不久就一路上涨，最后涨到了每股 200 美元，巴菲特非常懊恼，错失了这么一个赚大钱的好机会。不过他也从中得到了 3 个教训：不要太在意股票的买入价格；不能被蝇头小利诱惑，如果自己有耐力，那么将赚到 400 多美元；不要使用他人的资金投资，一旦出现投资失误，那么会造成别人的不安和恐慌，也会给自己造成压力，除非有百分之百的把握，不然不要轻易使用别人的钱投资。

此后，巴菲特一直密切关注着美国股票市场，并且精心计算着，这个时候，巴菲特在股票方面的敏锐和天赋完全体现出来了，他甚至比大部分专门炒股的成年人还要精明得多。

父亲是巴菲特了解股票的窗口

跟坏脾气的妈妈不同，巴菲特的父亲霍华德从小给巴菲特树立的就是一个积极、正面的榜样。

霍华德的性格比较特别，做事情特立独行，但这并不是坏事。还记得在小巴菲特出生后的那一两年股灾时期，特立独行的他开了一家股票经纪行，为全家的生活提供了保障。他的特立独行说明了他的眼光独到，并且有勇气。他优秀的品质从小影响着巴菲特。

而霍华德性格和品质的形成，和其小时候的成长环境有关。霍华德的妈妈，也就是巴菲特的奶奶非常节俭，她严格控制家庭开销，在物质方面对自己和子女都非常吝啬，但是却独独在子女的教育方面非常大方，省吃俭用供孩子们读书，子女们也各个出息。

霍华德更是从小都穿哥哥淘汰的旧衣服，背着报纸上街叫卖，放学后除了干家务还要到店里帮忙。

这样贫苦的生活环境，使得霍华德也非常节俭，当了父亲以后，他不想让他的子女过他小时候那样的苦日子，所以他努力赚钱，但又不是因为痴迷金钱，他还曾拒绝涨工资，那时他的工资从每年 1 万美金涨到 1.25 万美金，他把增长的那部分给退了回去。而在经济比较萧条的时候，他甚至身兼三职，只是为了让全家人都过上好日子。

霍华德很有才智，也很儒雅，并且有着非常强的责任感，这些都潜移默化地影响着巴菲特。13 岁时，小巴菲特开始给《华盛顿邮报》当报童送报，他从来不会赖床，哪怕天气非常恶劣，他都会准时出门，第一时间把报纸送到订户手中。那个时候的巴菲特每个月已经有一大笔收入了，但他绝对不会乱花一分钱，他不会像其他叛逆的少年一样抽烟，他不会说脏话。此时的他对金融倒是展现出了极大的兴趣。本来霍华德觉得这样一个对自己严格要求的儿子应该顺顺当当地读完大学，然后从事神圣的神职工作。不过，霍华德看到，虽然巴菲特对财富非常着迷，但是却谨记他的教诲，始终把道德和法律摆在金钱之上。

霍华德的正直对巴菲特影响很大，他用自己的行为为儿子树立了一个好榜样。霍华德还经常告诫巴菲特一定不能做违反道德和法律的事。巴菲特把父亲的告诫当作一生行事的准则。他一生追逐金钱，很珍惜自己赚来的每一笔资金，但他却很乐意承担自己的责任，为社会做出贡献。

在巴菲特 14 岁的某一天，他正在自己的房间里写些什么，霍华德问儿子在干什么，巴菲特回答说他在填纳税单，他认为应该为他的收入纳税了。霍华德非常欣慰，他觉得巴菲特已经有了社会责任感，并且提出愿意帮巴菲特缴纳这一笔税款，但却被巴菲特拒绝了。巴菲特说，这是他自己的责任，理应他自己来承担。那一刻，霍华德觉得巴菲特真的长大了。

不仅是父亲的品行影响了巴菲特，在巴菲特着迷的股票投资方面，父亲也为巴菲特打开了一扇窗，把股票带进了巴菲特的世界。当霍华德还在经营股票经纪行的时候，每天下班回来都会给小巴菲特带回一卷卷股票行情的纸带。在巴菲特 10 岁的时候，霍华德还满足了他的愿望，带他去华尔街参观，在股市交易所里使其感受心潮澎湃。带纸带和去华尔街参观都是小巴菲特要求的，霍华德都在尽可能地满足他的心愿。霍华德把股票带入了小巴菲特的生命，让他与股票有着脱不开的干系，更是让他耳濡目染得以更加深刻地理解股票。

与母亲不同，父亲对巴菲特的品行的养成和股票投资兴趣的养成均起到了至关重要的作用。

巴菲特很崇拜父亲，他不仅传承了父亲的使命感和社会责任感，他还规避掉了父亲的一些缺点和不足。

可以买下一座农场的高中生

巴菲特送报纸积攒的钱在他 15 岁的时候，已经累积到 2000 多美元了，但对赚钱充满激情的他，仍然在拼命寻找着各种赚钱的机会。

他的一个中学同学，唐纳德·丹利是他的好伙伴，擅长维修，最重要的是，他对数字也很敏感，因此两个人玩得很投机。

有一天，丹利花 25 美元买了一个旧弹子机，这立马成为两个人的"新宠"，但是弹子机经常坏，丹利却总是能够修好，这让巴菲特很是佩服。突然，巴菲特灵机一动，想到了一个赚钱的法子，他要把弹子机出租给理发店。

说干就干，巴菲特立刻联系到了理发店，并且达成了协议，赚到的利润和理发店老板五五分成。第一天，他们就赚到了近 15 美元的利润，仅几个星期，巴菲特和丹利就把业务拓展到了 7 家理发店。最后，巴菲特还为弹子机事业成立了一个公司，命名为威尔森游戏公司。公司每周的净利润能有 50 多美元，那时候的巴菲特觉得，生活是如此美好。

巴菲特和丹利配合得特别好，精于商业之道的巴菲特负责拓展业务和购买二手弹子机，并把账目打理得井井有条，丹利则负责把买来的二手弹子机维修好，并维护客户的机器。

除了经营弹子机生意，巴菲特和丹利还有很多别的尝试。比如突发奇想自己动手铸币，比如从废品收购站买入二手劳斯莱斯，利用一堆破铜烂铁为他们每天带来 30 美元的收入。

总之，对一个高中生而言，巴菲特已经有了一笔很大的存款了，这笔存款大到足够买一座农场。而他也的确买了一座农场。他在 15 岁的时候花 1200 美元从父亲手里买下了一个位于内布拉斯加的 40 多亩的农场。这是一个没有被开垦过的农场，后来，巴菲特把它租给了当地一个农夫，成了名副其实的农场主。而他的个人资金已经有 6000 多美元了，其中大部分都是来自他送报赚得的收入。

但是这样一个富有的高中生却节俭得要命，一年四季都只穿一双很土的运动鞋。在姐姐多丽丝眼里，弟弟简直不修边幅，都很怕在学校里碰见这个邋遢的弟弟。

他却不在乎别人的眼光，在学校里也不怎么合群，对同学而言，巴菲特是一个可有可无的人。受家庭教育的影响，巴菲特在思想和行为方面有很强的独立性，他不会人云亦云，不喜欢随波逐流。所以当他 15 岁便买下农场的消息在学校不胫而走，同学们都纷纷开他的玩笑时，他也不反驳，尽量避免跟大家发生冲突。他也想融入集体，但是他却总是显得格格不入。那个年纪的学生都在尽情享受美好的青春，而他却没有。

他只一心研究投资赚钱之道。

"厌学"的巴菲特

1947 年，17 岁的巴菲特高中毕业了。

他认为自己没有必要上大学，他怀揣着自己的 6000 美元存款，准备开创崭新的投资事业。他信心十足，认为自己既有从小到大积累的丰富的理论知识，又有送报纸、开游戏公司，以及买农场的实践经验。

但父亲霍华德认为巴菲特应该去大学深造，霍华德颇费了一番口舌去劝说巴菲特。由于巴菲特一直很崇拜并尊敬自己的父亲，虽然当时的他根本不憧憬大学生活，甚至觉得上大学会拖他的后腿，满脑子都是赚钱，但最终他听从了父亲的建议，他去了宾夕法尼亚大学的沃顿商学院。

虽然沃顿商学院是美国第一所商业学院，也是世界首屈一指的学院，但是巴菲特却并不喜欢。

他买了很少的课本，因为学校开的那些课，他在上大学之前就已经学过了。所以他在沃顿商学院的大多数时间，都泡在费城的股票交易所里，他在交易所里研究股票行情和走势，但此时的他并没有投资股票，只是单纯做一个股票分析者，因为他没有找到一个好的投资机会。即使此时他已经能够绘制股票走势图，但还是没有一个系统的理论框架。

慢慢地，巴菲特开始对沃顿商学院感到不满。因为他发现并不能在这所享誉盛名的商学院里学到什么。在巴菲特看来，沃顿商学院的教授大多只有完美的理论，缺乏丰富的实践经验。巴菲特恰恰更看重实践，即那些真正可以让他赚取财富的经验。所以在沃顿商学院待了一年之后，巴菲特决定退学。但在父亲霍华德的坚持下，巴菲特又在沃顿待了一年，但是这一年他仍然觉得是毫无收获的。

巴菲特回到了奥马哈，进入内布拉斯加大学的林肯商业管理学院，巴菲特又可以在他的家乡走街串巷地进行他的事业，他的心情好多了。虽然巴菲特的时间都花费在投资赚钱上。但是对于理论课，他只要花上一点时间便能轻松得 A。

毕业之后，巴菲特申请了哈佛大学，准备攻读研究生。巴菲特信心十足，认为自己完全有资格上哈佛。但是在哈佛大学对他进行了 10 分钟的面试之后，却拒绝了他。因为他看起来只有 16 岁，而体重更是只相当于 12 岁的少年。

被哈佛拒绝给了巴菲特沉重一击，而且他在收到哈佛的拒绝信时，第一反应竟是，该如何向父亲交代呢？虽然霍华德也很吃惊，但是他并不苛刻，毕竟，哈佛是巴菲特的梦想，不是他父亲的梦想。所以，尽管霍华德也很失望，但是他并没有责怪巴菲特，而是鼓励他尝试其他优秀的院校。

这个时候，巴菲特看见了哥伦比亚大学的介绍手册，并且看见了格雷厄姆和多德这两个在金融界如雷贯耳的名字。1934 年，两人合著的《证券分析》在金融界引起了巨大的轰动，1949 年，格雷厄姆又出版了一本《聪明的投资者》，巴菲特读过之后觉得这是他读过的投资方面最好的书。

哥伦比亚大学手册上这样写道："没有任何一所学校能像这里一样提供这么多直接熟悉商业行为的机会。"这就是巴菲特想要的。

他马上写了申请书,虽然当时距离开学只有1个月了,但是他被录取了。因为哥伦比亚大学商学院看重的也是学生对商业和投资的兴趣,并不在乎他们是否成熟。

虽然哈佛的拒绝让巴菲特备受打击,但是等他真的去了哥伦比亚商学院之后,他才觉得这就是他想要的,比哈佛还要适合他。特别是巴菲特还在那里遇见了他一生的导师——格雷厄姆。

父亲的政治生涯

可以说,政治是巴菲特的父亲霍华德最感兴趣的事。

1942年的春天,也就是巴菲特12岁的时候,内布拉斯加共和党委派霍华德去干一件非常吃力的工作——找一位候选人竞选国会议员,而对手是当时民主党颇受欢迎的时任议员。霍华德找不到愿意跟这位非常受欢迎的民主党人竞争的"羔羊",所以,在最后一分钟,霍华德在候选人名单上填上了自己的名字。

霍华德就这样莫名其妙地被推到了竞选者的位置上。

但霍华德差不多是最没戏的候选人,因为内向的他憎恨公开演说。在大街上发表竞选演说时,在他的儿子巴菲特看来,霍华德几乎是在一字一顿、笨拙地宣讲自己的想法。而且,倔脾气的霍华德还对他所坚定的政见有着可怕的执念。

但家人都还在努力帮助他竞选。

巴菲特一家在电线杆上粘贴简单的传单,上面写着"巴菲特竞选国会议员"。他们还去乡村集市等地分发传单。

竞选期间,霍华德每天在破晓前就把巴菲特叫醒,带着他去南奥马哈的牲畜围栏场,这里居住的是最贫穷的人,黑人和新来的移民,霍华德想要说服他们为自己投票。没有人理解霍华德为什么要这么做，因为那些人从骨子里都是站在他的对立面的。而霍华德之所以带着巴菲特，也是有目的的，那就是如果这里的人要揍霍华德，巴菲特要狂奔着去找警察。

巴菲特一家都认定，霍华德的竞选必败无疑。在公布竞选结果的前一晚，霍华德甚至还写好了败选声明，然后一家人跟往常一样，早早上床睡觉了。

结果，霍华德竟然赢了。

而父亲从政给巴菲特带来的改变，就是搬家，全家搬离了奥马哈，霍华德到华盛顿赴任。

由于当时华盛顿的形势不太好，所以霍华德自己在华盛顿租了一个公寓，而其他人住在弗吉尼亚，霍华德每到周末再回弗吉尼亚跟全家人团聚。

在弗吉尼亚度过了 6 周，巴菲特变得很不开心。举家搬迁这件事让他烦躁和不安，他想回到奥马哈，于是他给祖父欧内斯特写了一封无比难过的信，讲述自己的各种不适应，说自己得了一种奇怪的过敏症，每天只能站着睡觉。祖父十分心疼，坚持让巴菲特回奥马哈，于是，父母允许巴菲特回奥马哈待一段时间。

回到奥马哈，巴菲特又过上了无忧无虑的生活。

不过，几个月后，巴菲特又只得回去和父母姐妹团聚，一家人也一起正式搬去了华盛顿。不过由于巴菲特找到了送《华盛顿邮报》的工作，因此在华盛顿的生活显得没有那么糟糕了。

因为父亲的政治生涯，巴菲特着实适应了一番华盛顿的生活，但在他的内心深处，奥马哈还是那个让他最自在的地方。

1948 年，正逢霍华德任期结束，而且在大选中失利。全家人又都搬回了奥马哈。这使在沃顿读书的巴菲特更想回奥马哈了，所以他要求转学。霍华德考虑到巴菲特当时的心态和实际情况的变化，同意了。

霍华德竞选失败之后，重新回到以前的公司巴菲特－福克股票经纪公司，但是他在当议员期间，他的合作伙伴福克已经控制了公司客户，并且没有兴趣和霍华德分享。

在 1949 年的春天，他只好到乡下敲开每家农户的大门，寻找新的客户。

1951 年，他又一次在竞选中当选议员。

1952 年，共和党人在艾森豪威尔和他的竞选伙伴尼克松周围团结起来，竞选总统，霍华德因为拒绝支持艾森豪威尔而与共和党决裂。这在政治领域，是自毁前途的做法，共和党对他的支持一夜之间完全蒸发了，他和他的原则被孤立了。

在艾森豪威尔宣誓就职以后，霍华德在国会的任期也就结束了。从他拒绝支持艾森豪威尔竞选总统，就意味着他的政治生命已经终结。

霍华德的政治经历可以说是大起大落的，因为他是一个非常有政治理想的人，他一直坚守他的原则，从不加入政治联盟实现共和党的共同目标，这样就阻碍了他与同事的关系。而且，霍华德也不会按照选民的偏好投票，总是按照自己的原则投票，这让他也得罪了不少选民，这些都让他的政途经历了不少坎坷。

有一次，霍华德带着全家人回到老家奥马哈看棒球比赛，那些工人选民对霍华德极其不满。在比赛间隙介绍到场的名人时，霍华德起身，所有在场的人都嘘声一片。而霍华德就站在那里，一言不发。

不过巴菲特一家人都很崇拜父亲的坚韧和刚毅。父亲教会了他们正直。

这就是霍华德的从政方式，一个人独自坚守原则，他和他的原则孤军奋战，如同一匹"孤狼"。这跟巴菲特在投资界的表现很像，都是只靠也只相信自己的判断，并坚持到底。

给爸爸打工

毕业之后，巴菲特特别想进入格雷厄姆的公司工作，尽管巴菲特是格雷厄姆班上唯一一个得 A+ 的学生，格雷厄姆也很喜欢他，但是由于格雷厄姆只雇用犹太人，所以拒绝了巴菲特，并且格雷厄姆认为当时的投资环境不好，建议巴菲特等危机过后再进入。

巴菲特的爸爸霍华德也是这么认为，所以巴菲特回到了奥马哈，并进入了父亲的公司——巴菲特 – 福克股票经纪公司。巴菲特准备好好磨炼一下自己，为日后打下基础。

在巴菲特 – 福克公司，巴菲特开始向他认识的最安全的人，比如姑姑和大学同学推荐股票。而奥马哈毕竟是一个小圈子，他遇到了不少困难，也就是他的父亲刚开始创立这家经纪公司时面对的障碍，一些在奥马哈很有地位的家族，都对巴菲特嗤之以鼻。而那时全家又跟着父亲去华盛顿了，只留下巴菲特一人，有些孤立无援。

那个年代的股票交易全部仰仗股票经纪人，每一笔交易都是在客户和经纪人的聊天中就进行了，股票经纪人充当的是客户的咨询顾问和朋友的角色。重要的大客户不太把巴菲特当回事，往往他介绍了半天之后，客户会问："你的父亲怎么看？"巴菲特觉得自己像个傻瓜一样。

但待在奥马哈也有好处，那就是，巴菲特遇见了自己的妻子苏珊。

苏珊是巴菲特的同乡，住在离巴菲特家几条街的地方。在巴菲特心中，苏珊是一个与众不同的女孩，他在给姑姑的信中写道："这个女孩把我深深迷住了，她可能只有一点不好，那就是她丝毫不懂股票，但在其他方面，她简直无与伦比，我想我可以不在乎她不懂股票这个缺点。"

不擅交际的巴菲特追求苏珊，是从搞定苏珊的父亲汤普森开始的，因为他深知父亲对苏珊的影响。巴菲特没事儿就往苏珊家跑，还带着自己的夏威夷四弦琴，苏珊的父亲汤普森弹奏曼陀林，巴菲特边流汗边唱歌，还用夏威夷四弦琴伴奏。

巴菲特跟汤普森相处得很好，两个人都很喜欢彼此，而对巴菲特想要追求苏珊的事情，自然也就得到了汤普森的首肯。

虽然苏珊一开始对巴菲特并不感兴趣，但是随着两人的交往，苏珊颠覆了自己对巴菲特不太好的第一印象，两个人很快就步入了婚姻的殿堂。

一步一步迈向投资巅峰

巴菲特最终还是被恩师格雷厄姆的公司聘用了，他去纽约华尔街打拼了两年。在这两年间，他跟着格雷厄姆快速成长，并积累了他认为足够退休的财富。

1956 年，格雷厄姆的职业生涯走到了终点，他准备退休了，巴菲特不愿意当继承人，一来他不想待在纽约，二来继承格雷厄姆的公司意味着他只能成为一个类似格雷厄姆的人，继续格雷厄姆公司既有的模式，和另一个合作伙伴一起工作，这些都是他不能接受的。

他回到了奥马哈，并在当年的 5 月 1 日，成立了巴菲特的合伙公司。当时公司总共有 7 个合伙人，全是信任巴菲特投资能力的亲戚和朋友，比如姑姑爱丽丝 3.5 万美元，姐姐和姐夫各 5000 美元，岳父 2.5 万美元，还有 3 位朋友。而巴菲特作为发起人，却是投入最少的，只投入了 100 美元，哦，不对，算上他花 49 美分买的账簿的话，一共投资 100.49 美元。但是他却凭着自己卓越的投资才能，用这 100 美元创造出了巨大的投资收益。

父亲霍华德还时不时会在投资方面给予巴菲特一些建议，比如道·琼斯指数过高的时候，高到霍华德觉得不正常，他就建议儿子不要在这种不稳定的时间进入市场。

　　此时的巴菲特早已掌握了更加先进的投资理念，他是从来不会投资购买热门股的，而是从长远出发，根据股票的实际价值和发行这些股票的公司的增长潜力来决定购买股票，从来不受市场和所谓股评家的观点左右。

　　果然，到了 1957 年，巴菲特掌管的资金就已经达到 30 万美元，到年末则升至 50 万美元。

　　1962 年，巴菲特合伙人公司的资本达到了 720 万美元，其中有 100 万是属于巴菲特个人的。当时他将几个合伙人企业合并成一个"巴菲特合伙人有限公司"。最小投资额扩大到 10 万美元。情况有点像现在中国的私募基金或私人投资公司。

　　1964 年，巴菲特的个人财富达到 400 万美元，而此时他掌管的资金已高达 2200 万美元。

　　1966 年春，美国股市牛气冲天，但巴菲特却坐立不安。尽管他的股票都在飞涨，但却发现很难再找到符合他的标准的廉价股票了。虽然股市上风行的投资给投机家带来了横财，但巴菲特却不为所动，因为他认为股票的价格应建立在企业业绩成长而不是投机的基础之上。

　　1967 年 10 月，巴菲特掌管的资金达到 6500 万美元。

　　1968 年，巴菲特公司的股票取得了它历史上最好的成绩：增长了 46%，而道·琼斯指数才增长了 9%。巴菲特掌管的资金上升至 1 亿零 400 万美元，其中属于巴菲特的有 2500 万美元。

　　1968 年 5 月，当股市一路凯歌的时候，巴菲特却通知合伙人，他要隐退了。随后，他逐渐清算了巴菲特合伙人公司的几乎所有的股票。

　　1969 年 6 月，股市直下，渐渐演变成了股灾，到 1970 年 5 月，每种股票都要比上年初下降 50%，甚至更多。

　　1970~1974 年，美国股市就像个泄了气的皮球，没有一丝生气，持续的通货膨胀和低增长使美国经济进入了"滞胀"时期。然而，一度失落的巴菲特却暗自欣喜异常，因为他看到了财源即将滚滚而来——他发现了太多的便宜股票。

1972 年，巴菲特又盯上了报刊业，因为他发现拥有一家名牌报刊，就好似拥有一座收费桥梁，任何过客都必须留下买路钱。1973 年开始，他偷偷地在股市上蚕食《波士顿环球》和《华盛顿邮报》，他的介入使《华盛顿邮报》利润大增，每年平均增长 35%。10 年之后，巴菲特投入的 1000 万美元升值为两个亿。

1980 年，他用 1.2 亿美元、以每股 10.96 美元的单价，买进可口可乐 7 % 的股份。到 1985 年，可口可乐改变了经营策略，开始抽回资金，投入饮料生产。其股票单价已长至 51.5 美元，翻了 5 倍。

1992 年中巴菲特以 74 美元一股买下 435 万股美国高技术国防工业公司——通用动力公司的股票，到年底股价上升到 113 美元。

1994 年年底已发展成拥有 230 亿美元的伯克希尔工业王国，它早已不再是一家纺纱厂，它已变成巴菲特的庞大的投资金融集团。1965~1998 年，巴菲特的股票平均每年增值 20.2%，高出道·琼斯指数 10.1 个百分点。如果谁在 1965 年投资巴菲特的公司 10000 美元的话，到 1998 年，他就可得到 433 万美元的回报，也就是说，谁若在 33 年前选择了巴菲特，谁就坐上了发财的火箭。

……

这样的事情不断上演。沃伦·巴菲特已成为当之无愧的"股神"。

2007 年 3 月 1 日晚间，"股神"沃伦·巴菲特麾下的投资旗舰公司——伯克希尔·哈撒维公司 (Berkshire Hathaway) 公布了其 2006 财政年度的业绩，数据显示，得益于飓风"爽约"，公司主营的保险业务获利颇丰，伯克希尔公司去年利润增长了 29.2%，盈利达 110.2 亿美元 (高于 2005 年同期的 85.3 亿美元)；每股盈利 7144 美元 (2005 年为 5338 美元)。

1965~2006 年的 42 年间，伯克希尔公司净资产的年均增长率达
21.46%，累计增长 361156%；同期标准普尔 500 指数成分公司的年均增长
率为 10.4%，累计增幅为 6479%。

巴菲特是有史以来最伟大的投资家，他依靠股票、外汇市场的投资，
成为世界上数一数二的富翁。他倡导的价值投资理论风靡世界。价值投资
并不复杂，巴菲特曾将其归结为三点：把股票看成许多微型的商业单元；
把市场波动看作你的朋友而非敌人（利润有时候来自对朋友的愚忠）；购买
股票的价格应低于你所能承受的价位。"从短期来看，市场是一架投票计
算器。但从长期看，它是一架称重器"——事实上，掌握这些理念并不困难，
但很少有人能像巴菲特一样数十年如一日地坚持下去。巴菲特似乎从不试
图通过股票赚钱，他购买股票的基础是："假设次日关闭股市或在五年之
内不再重新开放。在价值投资理论看来，一旦看到市场波动而认为有利可
图，投资就变成了投机，没有什么比赌博心态更影响投资。"

巴菲特 2006 年 6 月 25 日宣布，他将捐出总价达 300 多亿美元的私人
财富投向慈善事业。这笔巨额善款将分别进入比尔·盖茨创立的慈善基金
会以及巴菲特家族的基金会。巴菲特捐出的 300 多亿美元是美国迄今为止
出现的最大一笔私人慈善捐赠。

巴菲特继"股神"称号之后，又被美国人称为"除了父亲之外最值得
尊敬的男人"。

父亲没落的晚年

在 1953 年霍华德彻底告别政坛回到奥马哈之后，巴菲特看父亲无所
事事，便成立了巴菲特－巴菲特公司，这样他们可以偶尔一起买卖股票。
霍华德出了一些资金，巴菲特主要是贡献想法和劳动。但霍华德对于自己

第三次重返股票经纪老本行很是沮丧。

更让他沮丧的是他看到自己的政治未来在消失，他在党内已经被视为一个狂热者，而不再给他任何被提名的机会。像他这样引退的资深政客早就应该去扮演一个新的角色，因为他已经被他之前的那个舞台所抛弃。他曾想在奥马哈大学争取一个教书的职位，毕竟他的从政经验丰富，巴菲特也在那儿教书，而且苏珊的父亲汤普森博士又是文理学院的院长，但是考虑到霍华德在当地的一些古怪行为，奥马哈大学没有聘用他。他最后在离奥马哈 30 英里的米兰德·路瑟学院找到了一份兼职的教书工作。

巴菲特的母亲利拉似乎要被这接二连三的事情击倒了，曾经霍华德的地位给她带来了荣耀，这对她的意义比对霍华德自己还要重要。

没过几年，霍华德就出现了健康问题。在经过霍华德的焦虑和身上 18 个月的神秘症状之后，1958 年，他被诊断为结肠癌，急需手术治疗。巴菲特非常生气，他认为父亲的病情都是因为延误诊断。

他开始用生意分散自己的注意力。甚至于他开始不管不顾家里的事情，频繁出现在公众场合。照顾父亲和照料整个家庭的责任就落在了苏珊身上，但好在，她把一切处理得井井有条。

而巴菲特此刻表现出来的疏远，恰恰是他由于从小父母对亲情的不善表达，导致了他也不知道该如何抒发和表达他那时焦虑的情绪。

1964 年，霍华德去世了。葬礼过后，巴菲特在家待了几天，然后就回到办公室继续忙碌，他从来没有表现出任何可以看得见的悲痛迹象，可是他的书桌对面的墙上，挂了一张父亲的巨大肖像。葬礼过了几个星期后的某一天，他的头部两侧出现了两块秃顶，因为父亲去世的打击，他的这两块头发脱落了。

父亲的去世，也让母亲利拉备受打击，利拉一向是以霍华德为中心，围绕着他转的，现在，她需要找一个新的目标，她开始变得依赖巴菲特和苏珊一家。孙子孙女们星期天会去她家，她会带他们出去吃午饭，带他们去商场玩，给他们买玩具，让他们尽可能久地陪伴着她。

但对于巴菲特和他的姐姐多丽丝而言，有父亲霍华德在场的时候，才能够勉强忍受跟母亲利拉在一起，现在父亲不在了，两个人都觉得去拜访母亲是一件非常困难的事，甚至被迫接近她，巴菲特会浑身颤抖。而在偶尔愤怒的时候，利拉还是会爆发。数十年来，她的莫名其妙的发泄对象总是家人。

而就在霍华德去世 2 年的时候，利拉突然再婚了，和一个从霍华德去世以后就开始追求她的比她大 20 岁的老男人。她甚至还把名字改了，跟新丈夫姓，这可吓坏了巴菲特全家人。

总之，巴菲特父亲霍华德的晚年过得有些没落，这一定程度上是由他那执着且不懂得变通的性格而带来的，但是这并不影响霍华德在巴菲特心中尊敬的地位。霍华德病重之时，巴菲特虽然内心痛苦但却不知如何表达，只能远离家庭疯狂工作。他内心一定是不知所措的吧，不得不说，这是这个不懂得表达爱的家庭给巴菲特带来的"后遗症"。在这样家庭的影响下，他同样不懂得爱，更不懂得表达爱。

一对互补的父母

母亲无疑给巴菲特造成了童年心理上的巨大伤害，但是好在，这些伤害被父亲弥补了。父亲既给予了巴菲特足够的关注和身体力行的良好教育，并且又留足了空间让他得以发展自己的兴趣爱好，并且还在这个过程中尽可能地提供帮助。

巴菲特呢，也是既继承了父亲的优良品格，还遗传了父亲的独到眼光和特立独行的投资意识和行为。

父子俩虽然一个投身政界，一个投身投资界，但是，行事风格却是一样的，都是如一头孤狼一般，坚持自己的原则和信念，独自前行。

这样一对父子是懂得彼此的，也一直在支持着彼此。

但霍华德的父亲也有缺点，作为父亲，他也有不尽如人意的地方。

比如，他没有保护好巴菲特和他的姐妹，在知道自己的妻子，也就是孩子们的母亲总是会无缘无故对他们发火的情况下，没有任何作为，充其量就只是发挥了一个暂时庇护所的功能。母亲给孩子们的心理造成了直接的伤害，但是没有任何作为的父亲是不是也是间接的帮凶呢？

霍华德也不懂得表达爱。在以他为核心的家庭里没有人表达爱。这一定程度上也算是一种家庭的缺失吧。

霍华德在自己的事业上的坚持，不仅没能让自己全身而退，也在一定程度上伤害到了自己的家庭。他的原则让他偏执，甚至成了一个极端的孤立主义者。

但不管怎么说，霍华德还是在巴菲特的成长中扮演了最为重要的角色，特别是在母爱缺失的情况下，霍华德竭尽所能给予了巴菲特他成长中所渴望的东西，是一个合格的父亲。

而母爱，则成为永远的缺失了。

这种缺失，直到巴菲特妻子苏珊的出现，才得到了一定的弥补。苏珊发现，巴菲特除了生意以外，在生活中的各个方面都对自己充满怀疑，他从未感觉被爱，他也觉得自己并不可爱。而面对自己的孩子和家庭，巴菲特也总是抽离开的，他是在一个总是高谈阔论的父亲和一个总是喋喋不休的母亲身边长大，因此，当他和苏珊的孩子在他的身边吵闹的时候，他很自然地就屏蔽了，他只沉浸在自己的投资生意中，把家里的一切都交给苏珊打理。

不过好在，巴菲特从小就发现了自己对赚钱的兴趣，他把赚钱当作是最喜欢的游戏,在他看来,"看着钱慢慢变多是一件很有意思的事情"。所以,母亲的责骂,自己不被爱的失落和难过,都变得不重要了,他可以从赚钱中找回自信和快乐。

因此,巴菲特的父母是一对互补的父母,这并不是说他们在性格上互补,而是说父亲的付出和对巴菲特成长所带来的积极影响,很大程度上抵消了母亲带给他的伤害和消极影响,让他至少在一个相对正常的家庭里,去钻研自己的投资赚钱之道,从而成了"股神"。

第十章

索罗斯：
以父之名 做“最伟大的投机者”

人物名片：

乔治·索罗斯

金融大鳄，称他为世界上最伟大的投机者也不为过。不过，他还是哲学爱好者和著名慈善家，一直在金融投资中践行着自己的哲学思想，并设立了开放社会基金，边做慈善，边尝试着将自己对开放社会的哲学构想变为现实。

其实，最让索罗斯声名大噪的还是他在 1992 年对英镑的阻击，他打败了英格兰银行，顺便揽了 10 亿美元入怀，让全世界的人们都不得不认识到了这个厉害到可以刮去一国财富的金融投机者。

其实何止一国，索罗斯的薪水至少比联合国中 42 个成员国的国内生产总值还要高，真可谓富可敌 42 国。其率领的投资基金在金融市场上兴风作浪，翻江倒海，先后刮去了许多国家的财富。

父亲：狄华达·索罗斯
母亲：伊丽莎白·索罗斯

索罗斯是一名热爱冒险并能从冒险中得到极致快乐的金融大鳄，初次体尝到冒险的快乐是在他的童年时期，那个时候正值第二次世界大战，生长自一个犹太人家庭的索罗斯在父亲狄华达的带领下东躲西藏，天天都像在探险。

父亲的勇敢和丰富的求生技巧深深影响了索罗斯，他甚至觉得每天都为了能够顺利活下去而冒险的那些日子是他这辈子最快乐的时光。他还从这些冒险的时光中和父亲的言传身教下悟出了两个他在日后投资中屡试不爽的准则：第一是不要害怕冒险，第二是冒险时不要押上全部家当。

可以说，是父亲塑造了他的投资性格，教会了让他在日后获得巨大成功的投资哲学。

历经磨难的传奇父亲

索罗斯 1930 年出生在匈牙利的布达佩斯一个普通的犹太人家庭，他还有一个哥哥鲍尔，一家四口过着平静的生活。

童年的索罗斯，在父母的熏陶下长大。他的父母是两个性格迥异的人，因而总会有一些争吵。父亲狄华达是个性格开朗善于交往的人，母亲伊丽莎白则是一个安静平和的人。父母间的小磕小碰并不妨碍父亲和母亲用他们各自最好的一面去熏陶和教育索罗斯。

每当索罗斯回忆起自己的父母，他都会说："我的父亲母亲对我童年的影响非常深刻，我爱我的父亲母亲，但我总是把对他们的爱藏在心中。"

索罗斯的父亲狄华达当年是一个很有野心的年轻人，他自愿加入奥匈帝国的军队，并且表现十分出色，他当上了上尉，直到在俄罗斯前线战场失利被俘，送到了西伯利亚。在战俘营他依旧不安分，自编了一份叫作《木板报》的东西，就是作者把写的东西粘贴到木板上，然后躲在后面听读者的意见。

为了防止战俘逃跑，看守从战俘中选出代表，一旦有人逃跑，就杀死代表，狄华达不幸被选上了，他计划逃离。因为在他看来，与其等别人逃跑而自己被杀死，还不如自己逃走。他开始制订计划，挑选出各种有技能的人，比如厨师和医生，集体逃离战俘营。刚开始他们打算建造一艘木筏在海上漂流，但是因为对地理不熟悉，导致他们漂到了北冰洋，当他们发现的时候，已经漂出了很远，他们需要花大概三四个月的时间才能回到最初的地方，而在回程期间，又遇到了俄国革命，他们又陷入其中，经历了各种磨难，狄华达才最终回到了家乡。

归来以后，狄华达开始重新面对生活。他不爱工作，但却大把大把花钱，挥金如土。在他看来，财富对人来说其实是沉重的负担，对于一个经历过九死一生的人来说，金钱没有什么太大的吸引力了。狄华达对待金钱的这一态度，对后来的索罗斯影响非常大，索罗斯在成为富翁之后，也并不奢侈。索罗斯说过，他并不喜欢钱，只是擅于赚钱。

狄华达之所以会对索罗斯的性格和观念影响这么大，是因为他会花大量的时间去跟孩子们交谈。他用长时间的交谈培养孩子的信心，教会他们如何面对复杂多变的情形，如何克服困难。狄华达讲述的道理、方法无不与他的人生经历有关，他把那些历经磨难而来的感悟一一传授给了索罗斯。年幼的索罗斯对父亲的深切教诲全盘接受。这些造就了索罗斯不管面对什么复杂困难的情形都要找到解决办法的执着性格。此外，狄华达为人聪明、狡黠、不受常规约束等特质都潜移默化地影响了索罗斯，他在投资领域也是常常不按常理出牌。

狄华达给予索罗斯性格和生存方法的教导，母亲伊丽莎白则在文学和艺术方面给予了索罗斯影响。在母亲伊丽莎白的生活中，雕刻、绘画、音乐和文学是重要的元素。在索罗斯还很小的时候，母亲就尝试把这些知识传授给他，虽然索罗斯到最后也对音乐没有产生兴趣，但是他却对绘画和哲学十分痴迷。除此之外，索罗斯在语言方面也很有天赋，除了母语匈牙利语，他还学会了德语、法语和英语。

每当索罗斯回忆起自己的母亲，脑海中总会出现一幅画面：一个瘦小的传统家庭妇女一边教育自己的两个儿子，一边处理各种家庭琐事。在很长一段时间里，狄华达在生活中过于挥霍，对待工作也很不积极，让家庭经济一度陷入窘境，他和伊丽莎白之间也时常闹矛盾，家庭氛围都变得紧张起来。但即使如此，伊丽莎白还是很崇拜她的丈夫，她会尽量让他开心，就算狄华达有一些任性的行为，她也会宽容他。但母亲还总是会为没有一番自己的事业而懊恼，在二战期间，她还患上了严重的溃疡。

母亲的相貌 + 父亲的勇敢

母亲伊丽莎白因为长期居住在匈牙利，使她越来越像匈牙利人。索罗斯的父母都很反感犹太教，他的父亲狄华达甚至试图成为一名基督教徒。索罗斯遗传了母亲的容貌，有一双明亮且炯炯有神的蓝眼睛，棕黄色的头发使他看起来不像犹太人，也正是因为这样的相貌，让他在二战期间躲过了一个又一个劫难。索罗斯本人也喜欢这样的相貌，他很喜欢别人说他长得不像犹太人。

在那个动荡的年代，犹太人家庭备受排挤，而索罗斯虽然也生活在犹太人家庭，但却没有感受到太多生活和周边的歧视，这都归功于他的父母给予他的呵护和悉心教导。

索罗斯小时候有很多朋友，他很喜欢运动，甚至还有点争强好胜。当他坚信某一事情的时候，他会极力为自己的看法辩护，表现得非常坚强和执着。

索罗斯还是玩游戏的高手，他还会尝试改变游戏规则，让游戏变得更加好玩，他还把股票交易也添加到游戏中来，让游戏变得更加复杂有趣，他把这个游戏叫作资本家。所以到后来，他碰见童年时的玩伴，会打趣地说："你还记得我们以前常玩的资本家的游戏吗？我现在可就是在实现当时的梦想呢。"

索罗斯 14 岁开始上学，在索罗斯上学的时候，当时的政局已经发生了变化，对犹太人的歧视和压迫已经非常明显了。在索罗斯就读的学校，孩子们被分成两个班，一个是犹太班，一个是非犹太班，索罗斯被分在了犹太班。虽然还都是小孩子，并不太明白什么是反犹太思想，但即便这样，两个班的孩子还是经常发生冲突。就连小孩子也已经在意识里开始产生一种反犹太人的思想。但索罗斯却不同，他的思想并没有发生什么大的变化，他和犹太人、非犹太人的小伙伴之间的关系都很融洽，这也是因为从小受到父母的熏陶，使得索罗斯对宗教的感情十分淡化，他在面对不同的团体的时候能够始终保持一种良好而不偏激的态度，而且他也一直在寻找这些关系之间的平衡点。

索罗斯从小就十分有勇气，这一点跟父亲狄华达很像。二战爆发的时候，纳粹还没有对匈牙利进行猛烈的进攻，当时人们的生活也没有受到太大的影响。1939 年 11 月，当苏联军队进入波兰不久，9 岁的索罗斯在报纸上看到援助波兰的呼吁时，立刻赶到当地的报社，去响应这一呼吁。当时的报社编辑对索罗斯留下了深刻的印象，还写了一篇关于这件事情的报道。

等到索罗斯再长大一些，转到了州立的中等学校，他就开始经常以知识分子的身份自居了。

在同龄人的眼中，少年时期的索罗斯并没有显现出任何超常的天赋，但就是这样一个平凡的少年，却总认为自己是救世主。

成年后的索罗斯虽然不再为成神的梦想而困惑烦恼了，但是他依然相信，自己有一些常人无法具备的才能，他后来在一本自传中这样写道：当我自己经常沉溺于夸大自己的重要性这种观念中的时候，我曾认为自己就是神，或者是一位十分了得的数学家或者经济学家。但这种让我感到不切实际的想法经常让我觉得自己像犯了大错误一样拼命把它们藏起来，这让我在成长之后非常苦闷。但是当我成年之后又发现，其实我离自己的梦想很近，我能够再次正视自己的秘密，最起码我自己可以相信，这样做让我找到了很多快乐。

在这本书中，索罗斯认为自己作为一个成年人，一个很有成就的金融专家，一个搞过很多慈善事业的人，正向着自己孩提时代的梦想靠近。索罗斯从来不向任何人解释自己为什么会有救世的想法，但凡问起索罗斯，他就会说这只是一个玩笑，他并不想当什么上帝。曾经有一个记者采访索罗斯时，建议他应该梦想自己是一位庄严的教皇，但他却笑着回答说："我现在可是教皇的上司。"

尽管作为一个成年人，索罗斯始终相信自己具有和别人不一样的天赋，正是这份与众不同的自信，给索罗斯带来了无与伦比的成功。

在乱世中保全家人，父亲就是无所不能的神

二战，纳粹，集中营，大屠杀。1944 年，随着战争的扩大，欧洲战场上几乎没有人能够阻挡德国人的脚步，纳粹疯狂扫荡这片土地上的犹太人。匈牙利是一个拥有 100 万犹太人的国家，这也势必让匈牙利成为纳粹下一个扫荡目标。奥斯维辛集中营的噩梦不断纠缠着每一个犹太人，他们开始把希望寄托在西线的俄国人身上。

经过了 1943 年一整年的平静，战火已经逐步蔓延到意大利的南部，

离布达佩斯只有数里之遥，那里的人们似乎都已经能够听到纳粹铁蹄下人们痛苦的呻吟声了。到了冬天，布达佩斯开始出现煤炭短缺的情况，恐怖的氛围充满整个城市，学校也开始停课。果然，第二年3月，纳粹坦克的轰鸣迎面而来，几乎没有遇到什么抵抗，德军就占领了布达佩斯，人们都躲在家里，街道上全是德国军人。

幸运的是，索罗斯一家那时候正好在洛拔岛度假享受灿烂阳光，所以躲过了这次劫难。当时，乐观的人认为纳粹只会在布达佩斯停留几周就会离开，只要熬过去就安全了。大部分犹太人在恐怖而压抑的气氛中分成了两派，一个是乐观派，一个是现实派。乐观的人更愿意相信战争很快就会结束，自己可以顺利躲过劫难，而且尽量不去相信欧洲其他地区的犹太人已经遭到屠杀的事实；而现实派的人们确信纳粹会把他们关进集中营，而且他们很难得到其他方面的救助。

已经经历过一次世界大战的索罗斯的父亲狄华达，一直关注着纳粹的活动走向，他清楚地知道纳粹在一步步蚕食欧洲的和平。直觉告诉他，纳粹是绝对不会放过匈牙利，不会放过布达佩斯，不会放过犹太人和他的家庭。狄华达就这样保持着对战争的敏感，他不会对战争抱有任何幻想，当战争的阴影日益逼近，他开始变卖自己的家产，然后开始带着家人四处躲避。

果然，生活在布达佩斯的犹太人没能等来和平，6个月后，已有上百万犹太人被杀害，这其中却不包括索罗斯一家。索罗斯一家靠着狄华达的勇气和智慧，安全地度过了无数难熬的黑夜。每当回想起这段在战争中逃亡的日子，索罗斯就会想起父亲跟他们玩的一个充满恐惧和悲伤的游戏——死亡猜谜，预言下一个将要消失的亲戚朋友。索罗斯清楚地记得，当时至少有一半都被父亲猜中了。但索罗斯一家永远不会在其中，在狄华达的带领下，索罗斯一家人在那段处处隐藏着死亡威胁的日子中一步一步挺了过来。

　　纳粹在匈牙利的那段时间，几乎每天都要上演犹太人遭到杀害的惨剧，对于这样的危险环境，经历过一战的狄华达游刃有余，他经常告诫自己的儿子："现在是一个没有秩序的社会，正常的思维已经不能适应这样的环境，要想生存，就要学会另一种法则。"随后，他就向索罗斯展示了如何在乱世中求生。他买通了一个匈牙利官员，为索罗斯弄来了一张叫西斯诺·克以斯的假身份证，狄华达还为全家准备了不下 10 个隐藏地点，他们还经常在朋友家的阁楼或地下室一连隐藏好几个星期。因为索罗斯和父亲狄华达都有自己的假身份证，所以他们之间尽量不以父子相称。

　　正是因为有这么一个勇敢精明的父亲，索罗斯一家才能在这样险恶的环境中生存了下来，父亲狄华达在这段时间对索罗斯产生了极大的影响，在他看来，父亲就是一个无所不能的神一般的存在。

　　在二战那段惴惴不安的日子，索罗斯也学会了很多生存技巧，这对他之后的生活和投资事业都产生了很大的影响。首先，四处躲避的逃亡生活让他认识到了冒险的必要性，正是因为一次次的冒险，才让索罗斯一家保全了性命。而更重要的是，他还明白了在冒险时不要孤注一掷，必须做好万全的准备，就像他的父亲所做的一样。也唯有如此，才能让全家人得以保全，最终脱离了死亡的威胁。

　　时过境迁，索罗斯觉得全家逃亡的那段日子也是让他感到最刺激的，他愿意跟别人谈论这些经历，这让他感到兴奋。他还把那段时光看作是一生中最快乐的。当然，这样的看法遭到了人们的反感，毕竟那段时期有数百万犹太人遭遇了大屠杀。但是对一个当时才 14 岁的孩子来说，有一个可以依靠和崇拜的父亲告诉他该怎么做，即使是时时刻刻都处在危险之中，但索罗斯相信自己可以免于死亡的威胁，还可以去救助别人，这些对他来说，对一个 14 岁的孩子来说，就像是一个刺激的冒险，也让索罗斯从父亲身上学到了很多生存的技巧，这为他今后的投资也好，生活也罢，都带来了很多有益的启发。

经历过冒险的生活之后，索罗斯喜欢上了冒险，并且，他是那种既能够享受冒险的刺激，又不会因为冒险而一无所有的人，因为他总会留有余地。这也是那个被他视作神的父亲，教给他的最重要的人生经验之一。

只身闯伦敦

1945 年，随着盟军攻破柏林，彻底宣告纳粹的终结，匈牙利也在苏联的帮助下成功解放。人们开始回到饱受摧残的家园，索罗斯也在这一年回到了学校，回到了那些经历了战争渐渐成熟的孩子中间，此时已经没有犹太人班和非犹太人班之分了。

第二年春天，索罗斯一家再次来到洛拔岛度假，感受劫后余生的快乐。在那里，大家都在谈论着他们是如何生存下来的，也开始讨论以后的计划，有的人相信在政府的带领下，匈牙利会慢慢好起来的，也有人计划出国谋求新的发展。索罗斯则是早已在心中无数次计划要离开，去探寻全新的环境。索罗斯当时想去莫斯科，想去了解共产主义，但是索罗斯的父亲对莫斯科有着不好的回忆，他不希望自己的儿子去那里。他们家在伦敦有一个远方亲戚，父亲狄华达就鼓励索罗斯给亲戚写信，看他能不能帮助索罗斯申请学校。那时候，索罗斯经常在广播里听到英国人关于公平竞争意识的报道，所以他觉得去伦敦也不错，他便真的开始跟亲戚取得联系，为去英国做准备。

终于，他在 17 岁那一年拿到了护照，离开了祖国匈牙利，去到了一个让他向往的却全然陌生的地方——伦敦。

在年轻的索罗斯看来，苏联人接管匈牙利以后，整个国家被专制政权控制着，缺乏刺激和冒险，他认为这样一来他的发展必然会受到限制，他深受父亲狄华达的影响，颇具有冒险精神，他渴望去探险，去打开自己的一条更广阔的生路。为了能去英国，他变卖了很多家里的东西，才凑够了钱，最终来到了在他看来充满公平和自由的伦敦。

伦敦的困顿时光

而到了伦敦以后，索罗斯得完全依靠自己来谋生，这是他人生中最困顿的时期。

一方面，他很喜欢这个这个美丽而自由的城市，但另一方面，他却无法享受伦敦能够带给他的这一切，这些都不属于他，他一直过着潦倒的生活，虽然父亲也偶尔给他寄点钱，但也是杯水车薪，在这段时间，他感受到了生活的艰辛，但他不怕，也不会被这些艰辛打败，他坚信他能够在伦敦闯出一片属于自己的天地。

对于 18 岁的孩子，他能做的只有四处打零工。他曾在一个主要面向有钱人和明星经营的高档餐厅工作，但工资还不够他平时吃饭的花销，他不得已只能捡一些残羹冷炙来充饥，每当看到有钱人家的宠物，他都会羡慕那些宠物吃得比他都好。

1948 年，索罗斯在英国政府的帮助下到一家农场去打工，为了争取到合理的工资待遇，他组织了一次工人罢工，使得农场主不得不按照工作量发给他们工资而不是按天发，这使得他们的工资得到了大幅度的提高。除此之外，索罗斯为了在伦敦养活自己，还做过很多工作，比如刷油漆，比如摘水果等，他甚至曾向别人提到过为了生存，他在伦敦期间还练就了不错的绘画功底。

在经历了一段艰苦的岁月之后，索罗斯慢慢找到了自己的方向。他一边工作一边学习，希望能够考取伦敦经济学院。他第一次考试还是以失败告终的，主要卡在了英语上，终于，在 1949 年，他通过了所有的科目，成了伦敦经济学院的一名学生。

伦敦经济学院是当时伦敦最大的学院之一，不少想投身经济界的学生都向往能够去那里学习。因此这个学校吸引了很好的生源，还有不少外国留学生。为了能够在伦敦经济学院学到更多的知识，索罗斯在离学校非常近的地方租了一个顶楼的单间，没想到同在经济学院上学的一名学长就住在他的隔壁，这让他能够随时向学长请教不懂的问题，而且还能借到许多书。

索罗斯找了一份在游泳池当救生员的清闲工作，保证他有充足的时间可以学习更多的知识。但这份工作却还是不能维持他的生计，他还是得想其他办法。因为他不属于英国政府的福利保障人员，只好向犹太人委员会求助，但是被拒绝了，因为他们并不救助学生。他只好在外面找兼职做，就在一次搬运中，索罗斯被一箱冰激凌砸断了小腿，使他的腿骨里留下了两颗钢钉，这让他长久以来的积怨爆发了，他为了生存，不得不采取一些非常手段，他的一些虚假夸张的描述让他获得了赔偿，而他获得的这些赔偿够他一段时间内能够在学校里安心学习。经历了这件事，让索罗斯看到了政府和民间资助机制的不完善，这也在一定程度促使他日后投身慈善事业——因为他切身经历过，他感受过，他想有所改变。

来伦敦的头几年，索罗斯历经各种艰辛，最终，他的学业和生活都逐渐走上了正轨。他把精力全部投入到了学习之中，阅读了大量的书籍，听了不少学者的讲座，在当时的英国，聚集了不少在二战时遭受过迫害的学者和思想家，他们的许多观点都被索罗斯学习并接受了。而在向来以自由著称的伦敦经济学院，也有不少保守派的学术人士，比如研究市场经济的学者弗里德里克·哈耶克和哲学家卡尔·波普尔，这两个人的观点深刻影响了索罗斯。比如，波普尔认为人类社会史是没有规律可循的，索罗斯后来在投资中也认同了这种观点，他认为市场内部也是没有规律和理性可言的。波普尔出生于维也纳，也是一名犹太人，因为在二战期间受到纳粹的迫害而来到英国，他所著的《科学发现的逻辑》一书，代表批判理性主义，其《开放社会及其敌人》一书更是社会哲学的代表作，轰动西方的哲学界和政治界。

到 1952 年，索罗斯只用了两年的时间就完成了学士学位的课程，但他又多待了一年，用来完成一本他写的探索人类社会性质的书，名字叫作《意识的重负》。在二战期间，索罗斯跟很多纳粹分子有过接触，和共产党人也有过联系，他对独裁和社会形态有着自己的理解，再加上来英国的这几年，让他深刻感受到了民主的优越性，还有对波普尔《开放社会及其敌人》一书的理解，他都想写在自己的书里。在同一年，索罗斯还给波普尔写信，请求他担任自己的导师，他还给波普尔提交了几篇论文。

此后，波普尔和索罗斯一起探讨了很多问题，波普尔也对索罗斯的论文提出了一些批评和建议，希望他能够按照自己的意见进行修改，但是索罗斯并不愿意，因此两人之间的交流和交往暂停了。

而且，索罗斯这个人其实也并没有给波普尔留下什么太深刻的印象，但就是这样一位导师，却给索罗斯今后的发展带来了很大的帮助，因为他教给了索罗斯世界运行的方法和理论，索罗斯还把这套理论完美地运用到他的投资中去了。

父母给了他走出迷茫的勇气

1953 年春天，索罗斯从伦敦经济学院顺利毕业了，他在读书的时候只一心想做名哲学家，所以对找工作的事情并不是很上心。那个时候，他的哥哥已经在美国发展了不错的事业，索罗斯也面临着如何谋生的问题。

索罗斯只能先放下哲学家的梦想，找一个稳定的工作来谋生。他在朋友的引荐下来到一家皮具公司工作，他在各个部门实习，然后被派去当销售，但这份工作并不能带给索罗斯什么乐趣，他从中也学不到什么东西，但他还是就这么干了几年。

他意识到他在这份工作中看不到未来，无论工作本身还是自己在其中都没有发展潜力可言，他一度失去了生活的目标，心中充满无力感和挫败感，甚至比他刚来伦敦那会儿还要难过和迷茫，因为那会儿他至少还有一个坚定的目标，就是要考上伦敦经济学院，但现在，他却完全不知道下一步该怎么走。

但很快，他就振作了起来，因为他想到了他的父母，他知道，如果父母知道他这个样子一定会很担心，所以他决定改变。

他开始积极思考自己转型的方向，并把目光锁定到金融业，他网罗出伦敦所有银行等金融机构，试图从中寻找机会。他打印好求职信，挨个寄给他搜罗出来的伦敦的每一家金融机构，但是回音却寥寥，进入金融机构远比他想象中的难。

但好在，他在朋友的帮助下，参加了一家金融公司的面试，虽然他并没有通过面试，但是那个面试官却为他指明了方向。面试官告诉索罗斯，不要试图进入伦敦的金融圈，因为伦敦的金融圈就好像是一个俱乐部，大家都是采取一种心照不宣的裙带关系，你一定要跟这个圈子中的人有某种联系，才能够换来进入这个圈子的"入场券"。

索罗斯不再盲目地乱投简历了，他找到了他在伦敦当医生的表哥，表哥的钱都是存在一家银行打理，那家银行就是两个犹太兄弟开的，都来自匈牙利，在同胞那里，他很容易地就打开了局面，获得了进入金融圈的那张"入场券"，正式加入了他们的银行。

刚刚进入银行，索罗斯还是有点摸不着门道，他依然做不好安排给他的工作。为了增加他的经验，他在各个部门实习了一圈，最后，他在套利部门逐渐找到了感觉。

　　套利部门就是从一个市场买进，再从另一个市场卖出，从中赚取差价。索罗斯一开始进去就是一个打杂的，但是他坐的位置跟研究小组很近，他经常能够听到研究人员的讨论，他对他们的讨论非常感兴趣，并难得的从中感受到了工作的乐趣。

　　研究小组中有一个匈牙利人，他对上进的索罗斯很友善，索罗斯经常向他请教问题，他也都耐心地回答了，他还向索罗斯详细介绍了研究人员需要做的事情，以及应该怎样思考，这些东西都是来自实践的真知，跟索罗斯在课堂里学到的完全不同，就这样，在实践中学习，索罗斯进步飞快，迅速完成了一个优秀交易员应有的知识储备。

　　他还从表哥那里拿了几百美元做交易，赚得的利润他和表哥平分，这样一来可以增加收入，二来也有机会运用自己所学的知识。

因团聚被"发送"到美国

　　就在一切都往好的方向发展的时候，索罗斯在这家公司的工作却要到头了。

　　那是一个周末，他必须到巴黎去跟哥哥和嫂子会合，因为他们只来欧洲待一个周末然后就要返回纽约了。索罗斯的计划是周一赶回伦敦上班。但是因为巴黎的天气原因，航班全部延误了，他没能在周一赶回来，当他周二去上班的时候，感觉整个公司同事对他的态度都怪怪的。

　　他的上司也找他谈话了，大意就是，如果他只是被动在公司等待，等待公司安排一个合适的职位给他，那他是永远也等不到了，因为公司觉得他做什么都做不好，不堪重用。

　　索罗斯只能选择另谋一份出路，离开公司。他很伤心，因为这是他毕业以来最喜欢的一份工作。

　　但值得庆幸的是，索罗斯很快就有了一个新的机会。他常常跟一个叫梅尔的同事一起吃饭，梅尔是美国人，他的父亲在华尔街拥有一家经纪公司，梅尔想让索罗斯去他父亲的公司。

　　不得不说，这是索罗斯人生中的一个重要转机。

　　他在等待办理签证的时候，也没有闲着，在即将告别的公司还做成了一笔成功的买卖，不仅给公司带来了丰厚的利润，也让自己有了一笔小小的积蓄，那个时候，通过用表哥的钱做交易，他已经累计为自己赚取了5000美金。他对自己的未来充满了信心，他觉得他会成为一名优秀的交易员。

　　带着这份对未来的信心，1956年，索罗斯踏上了去美国的轮船。他的人生进入了新征程。

在美国站稳脚跟

　　来到美国的这一年，索罗斯26岁，他在开始自己在美国的全新生活之前，为自己制订了一个五年计划，他打算用5年的时间在华尔街赚够50万美金，然后带着这笔钱回到伦敦去，专心去做一名哲学家，从事哲学研究。

　　来到纽约，也意味着跟哥哥的团聚，他暂时住在哥哥家，跟哥哥住在了一起。然后立即开始了在梅尔公司的工作。

　　在梅尔公司，索罗斯当起了套利部门的负责人，和在伦敦时差不多，索罗斯负责黄金股和石油股，不过套利部门在梅尔公司不是什么重要部门，所以索罗斯能够掌握到的资源也并不多。

　　但他并不在意，他全身心地投入到工作中，渴望发现好机会。

　　好机会真的很快就来了。1956年7月，英国和法国因为苏伊士运河归属权爆发危机，并逐渐演变成军事冲突，作为国际原油运输的重要航线，石油股必定会受到战争的影响。虽然当时刚到美国还不到一个月，但索罗斯发现了这个利用石油股套利的机会，他特别想利用这个好机会证明自己的价值，他开始利用他在伦敦建立的人脉关系在市场中寻找机会。

当时的交易模式是这样的，索罗斯从欧洲的交易所买进需要的股票，再把需要卖掉的股票刊登在纽约华尔街的行情交易表上，让券商们看见信息，再通过打电话来进行买卖操作。由于欧洲和美国有五六个小时的时差，每天都要关注行情变化的索罗斯不能错过任何一点消息，任何一个疏忽可能都会让他错过形势变化带来的商机。所以索罗斯在凌晨4点，也就是伦敦早上9点起来接听播报员的电话，分析数据，并且每隔一个小时都要收听当时的行情。他只能利用电报之间的一个小时时间来补充一点睡眠，等纽约天亮，他又要开始忙着给纽约的经销商推销股票，这段时间，索罗斯连做梦都全是股票。

苏伊士运河上的紧张局势一直持续到1958年才得到缓解，狂热的石油交易也逐渐冷却下来。索罗斯在这段时间的疯狂工作给梅尔公司带来了丰厚的利润，也让索罗斯在梅尔公司站稳了脚跟并小有名气。

阔别十年，与父母团聚在美国

也就是索罗斯在疯狂忙碌的这段时间，他的家乡匈牙利也发生了状况。

1956年10月，布达佩斯的居民不满共产党的领导，开始反抗。人们通过用石块、汽油支撑的燃烧弹以及劣质枪械等向驻扎在布达佩斯的苏联军队发动进攻。他们一度将苏联军队和他们的坦克驱逐出了布达佩斯。匈牙利人民要求匈牙利脱离苏联阵营，这当然是苏联所不允许的。

那年11月，苏联重新调集重兵向布达佩斯发动反攻。匈牙利人民当然不是苏联铁军的对手，很快，苏联军队重新占领了匈牙利，匈牙利人民的革命宣告失败。

紧接着，就是对革命者的处置。数百人被处死，几万人被关押，几十万匈牙利人开始逃亡。

这个时候，索罗斯的父亲已经 63 岁了，母亲也已经 53 岁。虽然年纪已经比较大了，但他们却不得不再一次锁上家门，向着自由和安定奔去。索罗斯的父亲狄华达的一生虽然没有什么卓越的成就，但是却足够精彩，再一次需要他站出来保护家人的时候到了。

索罗斯的父亲和母亲搭乘火车到了匈牙利北部，然后雇用了一个向导，想要逃离匈牙利。但是中途却被苏联官兵捉住了，被送上了返回布达佩斯的列车。只有逃亡才能够真正掌握自己的命运，于是夫妻俩接着踏上了逃亡之路。在逃亡途中，士兵的追捕和自然环境的恶劣轮番折磨着他们。索罗斯的母亲回忆："每走一步，鞋子里都满是泥泞，带着至少四五磅泥沙。"

就这样拼命跑啊跑，终于有一天，他们走上了一条公路，巡逻的奥地利士兵告诉他们，他们已经到达奥地利了。

在得知匈牙利人民起义的消息后，索罗斯一直担心着父母的安危，他生怕此生再也见不到父母了。但是他也知道，凭借父亲的勇气和机智，他们一定正在逃亡的路途中，只是不确定他们到底能不能成功逃脱。

幸运的是，索罗斯的父母终于抵达了维也纳，他们马上联系了在美国的儿子。直到在电话里听到父母的声音，索罗斯一直悬着的心才终于放下来。

1957 年 1 月，索罗斯父母和其他一些匈牙利难民坐船来到了美国。索罗斯的哥哥去码头迎接父母。但索罗斯却因为忙于交易，没能赶去。父母也谅解了他，因为索罗斯实在是太忙了！好在，这时候他已经有了自己的公寓了，他把父母安顿在家中，自己睡沙发。阔别了 10 年，索罗斯终于和父母团聚了，而且，当时他才刚去美国 3 个月，没想到团聚能够来得如此之快。索罗斯也从 10 年前的少年，长成了一个强壮的成年人，并且在逐步开创自己的事业。

安顿好了父母，就再也没有让索罗斯挂心的事情了，他更是全身心地投入到了工作中。

跳槽后迎来了跃升期

梅尔公司不是纽约证券交易所的会员，其功能有点类似于场外交易的交易商，索罗斯觉得发展受到了限制，他决定离开公司。

这样一来，他也终于有一些闲暇时间可以陪陪父母。他还带着父母去康涅狄格州看望哥哥。在索罗斯忙于自己的工作的时候，他的父母也尝试着去发展自己的一些小事业，但都没有太成功。索罗斯的父亲狄华达开过一家咖啡馆，但是因为生意不好关门了，他的母亲反而比父亲更快地融入了美国社会，因为母亲的英语比较好。

索罗斯也在这段时间结交了一个德裔美国女孩，也就是他后来的妻子安娜丽丝。

索罗斯一共在梅尔公司待了 3 年，他的收入也早已超过他之前为自己设定的 50 万美元的目标，但这个时候的索罗斯，虽然对哲学仍然很感兴趣，但他已经不打算专职从事哲学研究了，因为他的兴趣已经完全转移到了金融领域。

他很快找到了新工作，在比梅尔公司规模更大，也是纽约证券交易所会员的威特海姆公司。索罗斯的职位是外国交易部门主管助理，索罗斯感觉很满意，毕竟那个时候他才只有 29 岁，他觉得他已经慢慢进入了华尔街的中心，成功已经离他不远了。

他在新的公司大展拳脚，他的目光也一直注视着欧洲，这个时候的他已经不简简单单的是一名交易员了，而是欧洲证券专家。

在接下来的几年，他打了一场又一场胜仗，在金融界奠定了自己的位置。他又加入了安贺德－布莱施洛德公司，并且已经不满足于自己此前的投资模式，他创立了打上索罗斯烙印的第一老鹰基金和属于他的第一只对冲基金，这两只基金都是用更为复杂的投资模式，在降低基金风险的同时，还能提高收益。

这时候的索罗斯，已经拥有一座可以俯瞰中央公园的大公寓，而且已经有了两个孩子，长子罗伯特出生在 1963 年，女儿安德莉亚两年后出生，第三个孩子乔纳森 1970 年出生。索罗斯拥有了一个幸福美满的家庭，跟他在事业上的成功相得益彰。

但索罗斯也一直牢记童年时父亲对自己的教诲：钱只是一种工具，不是目的。一直以来，索罗斯拼命地赚钱，很大一部分原因是想显示自己的与众不同，是想得到人们的认可。

父亲狄华达也十分信任儿子索罗斯在金融领域的眼光和能力，他把为一家子设立的信托基金都交给索罗斯打理。狄华达为家族设立了一只信托基金，而这只基金也是索罗斯创立的第一老鹰基金的原始投资之一。这不仅体现了父亲对索罗斯无条件的信任，也说明此时此刻的索罗斯已经不是在为别人而投资了，而是为了自己和自己的家族在开创一番事业。

父母亲相继离世

索罗斯的父亲狄华达渐渐老去了。父亲狄华达虽然一生没有取得什么大的成就，但是却十分精彩，不枉此生。索罗斯也曾经说过："我的人生同父亲的故事一比，顿时黯然失色。"索罗斯的父亲狄华达在 1966 年的时候得了腹腔癌，这是一种十分痛苦的疾病，狄华达因此承受了巨大的痛苦。

1968 年 2 月 22 日，父亲去世了，享年 75 岁。而这时的索罗斯，因为正在为自己的事业奋力拼搏，所以无法对父亲的衰老和死亡做到充分的关心，他在持续紧张的工作中，选择把丧父的痛苦埋藏在心中。

索罗斯的母亲则是在父亲去世的 23 年后离开的，这个时候的索罗斯已经在一定程度上获得了事业的成功，所以解放出来陪母亲度过了最后的时光。

无疑，挚爱双亲的离世，让索罗斯十分痛苦。不仅痛苦，索罗斯还陷入了深深的思考之中，此后他捐献了数千万美元设立了"美国死亡计划"，鼓励和推动死亡这个禁忌话题的讨论和对话。

这就是索罗斯纪念父母的方式，他从父母亲的离世，深切理解了死亡，这也促使他想让更多人更早地理解死亡，这样也许就不会经历跟他一样的痛苦，或者说能在一定程度上减轻些痛苦。

以父之名，自我超越

在父亲离世后，在创立了一个又一个足以引领金融业革命的基金之后，索罗斯选择自立门户，在 20 世纪 70 年代初成立了索罗斯基金管理公司。

这样一来，他更是能够放开手脚，将自己的哲学思想运用到投资中去了，他这个时候已经开始熟练应用自己的盛衰理论和反射理论，并且他感受到了他的哲学理论带给他的实际的好处，这更坚定了他要将哲学与金融进行结合的决心。

但是到了 1978 年，当他的事业越来越成功，赚的钱越来越多时，他却陷入了郁闷之中，濒临崩溃了。

可能没有人会理解这个时候的索罗斯吧，他所持基金的规模已经达到 1 亿美元，他个人的财富也差不多有 2500 万美元，事业极度成功，他却开始否认自己的成就了。

其实，金钱的多少从来就不是索罗斯所看重的，他只是非常擅长赚钱，当他所拥有的钱超过他所需要的数量的时候，他不知道该怎么使用这些钱，只好将这些钱拿来当作玩金融游戏的工具，这样的结果就是他将拥有更多的钱。

虽然听上去难以置信，但索罗斯的确因为钱太多而烦恼，为了解决这个烦恼，索罗斯行动起来了。

他想要让自己从赚钱这件事中尽可能地解放出来，因此他决定成为一个更加公众化的人物。这一决定却成了他跟第一任妻子离婚的导火索。他的第一任妻子安娜丽丝是一个非常注重隐私的人，完全不能忍受把自己曝光在公众视线之下。

不过，这只是一个催化剂。索罗斯因为长久以来专注于工作，忽视了对家庭的关注才是他们分开的最主要原因。虽然索罗斯的父亲对索罗斯影响巨大，但是，索罗斯坦言，他自己却并不是一个合格的父亲。

他对自己的孩子不是特别上心，而且过于严苛。而且，他经历过 3 次婚姻，现在跟他的第三任妻子生活在一起，他的前两任妻子一共给他生了 5 个孩子。

索罗斯反而是在离婚后，跟前妻还有孩子相处得更好。他的孩子们也都得以更加理解他。他的儿子罗伯特说："基本上，我父亲的人生就是一连串的再创造，早年在第二次世界大战期间，他就使用别人的名字躲避纳粹，17 岁独自离家，他在伦敦变成了学生和哲学家，后来再到美国变成金融奇才，他不断地在成长和进步。"

这一点索罗斯其实跟他的父亲狄华达很像。狄华达其实也是一次一次超越了自我，然后更加懂得人生的真谛。

狄华达在经历了从西伯利亚的大逃亡之后，回到了家乡匈牙利，反而失去了奋斗的斗志，他只觉得活着就是胜利，他想要跟自己的妻子和孩子过着简单平静的小日子。但是，一旦危险来临，他又立马恢复了斗志和勇气，第一时间站出来保卫自己的家人。

所以，虽然索罗斯的父亲狄华达一生没有取得什么大的成就，但他却是保卫自己家庭和家人的真勇士，他一次又一次带领家人脱离危难，同时，他自身的经历也促使他对人生和生活有了更加透彻的领悟。他在美国定居以后，还将他从西伯利亚逃亡的经历写成了书，名叫《现代鲁滨逊》。

相比于父亲，索罗斯的经历可能没有那么惊心动魄，但他却在不断地超越自我，进行再创造，他也是生活的勇士，因为他敢于在迷茫的时候停下来，思考生活的真谛，然后奔着能让自己获得成就感和快乐的方向继续出发。

索罗斯跟父亲一样，也是敢于直面事业和人生的真勇士。

各司其职的父母

索罗斯的童年，受到父母亲的影响很大。

父母对索罗斯的影响都是恰到好处的，父亲教会他勇敢，给予他生存和生活的勇气，这样一种勇敢和无畏是索罗斯能够在投资领域叱咤风云的关键。而母亲则在语言和艺术等方面熏陶着他。跟母亲一样，索罗斯很有语言天赋。索罗斯对哲学的兴趣，在一定程度上就是源于母亲在语言和文艺方面的熏陶。

父母恰如其分的熏陶在索罗斯这里得到了恰如其分的生根发芽，索罗斯很好地运用了父母带给他的最有益的东西，并将其运用在他的事业和他毕生的追求中。

索罗斯曾经说过："我的人生同父亲的故事一比，顿时黯然失色。"

父亲始终是他心中的神，是最为重要的存在。

　　父亲狄华达很喜欢花时间和索罗斯兄弟俩在一起。索罗斯小的时候经常下午去咖啡馆找他，他会买巧克力蛋糕给索罗斯吃。然后他们俩一起去游泳、划船或滑冰，几乎天天如此。有时是放学后，父亲狄华达在泳池，他们游完泳便坐下来，他会给索罗斯讲一段他在一战中的历险记。索罗斯从中学到了他的人生智慧，后来大获裨益。索罗斯认为，他的生存艺术是从一位大师那里学到的。而这种生存艺术，最后被他在投资的世界里得以更加完全而持久地演绎，而那位教会他如此艺术的大师，就是父亲。

　　而母亲带给索罗斯的是亲近，是生命中最柔软的那一部分。母亲与父亲的性格相差很大，他们之间也存在着一些大大小小的矛盾，但是好在，索罗斯继承和传承的是父母亲血脉和性格中最好的那一部分，他把两个矛盾体结合在了一起，反而升华成了一种更好的特质。就如同他把哲学融入他的金融事业中，成为他的一大助力，他也将哲学融入了他整个人生追求中去，从他后来从事慈善事业，成立开放社会基金等一系列作为就可以看出哲学对他人生的影响。从这个角度看，索罗斯最大的成功不是获得了大量的金钱（本来，他也并不是喜欢钱，在他看来，他只是恰好擅长赚钱而已），他最大的成功，是用自己的人生哲学去赚钱，然后再用赚到的钱去实践自己的人生哲学。

　　哲学与金融的关系，恰好是父亲和母亲之于索罗斯的完美隐喻。一对看似矛盾，但各有所长的父母，带给并教会了索罗斯两样最为重要但依然看似矛盾的东西，但就是这两样东西，这两种理解世界的智慧和方法却被索罗斯融合在了一起，反而得以圆满，同时成就了他的成功。

后　记

　　去年春天，在我刚开始动笔写作此书的时候，一个偶然的机会，我去到了美国西雅图。

　　一落地，我便迫不及待地前往位于西雅图派克市场的全球首家星巴克门店。没想到，跟我一样来朝拜的星巴克迷们络绎不绝，把这家几乎保持了 1971 年开业时原貌的狭小铺子挤得水泄不通。排了近一小时的长队，我终于喝上了咖啡，合了个影，还买了几只限量版的杯子，心情很是激动。

　　朝拜星巴克创始店，已经成为几乎每一位到访西雅图的游客的必有行程。

　　这就是一个品牌的伟大之处，也是造就了这个品牌的企业家的伟大之处。

　　但转念一想，来围观星巴克的粉丝们，又有多少人知道霍华德·舒尔茨呢？

　　因此，星巴克朝拜之行，让我更加坚定了写作此书的信心和决心，我想让那些创造了如此受欢迎产品和企业的卓越企业家们从幕后走到台前，让更多人了解他们，了解他们的成长故事，并从中受到启发。

　　通过近一年的努力，我终于完成了这个不大不小的工程。从一开始资料的搜集，到后面一字一句地书写与揣摩，这个过程本身，就让我受益良多。

　　希望亲爱的读者朋友们在阅读到这里的时候，已经从这本书中找到了你们想要的答案，如果真是那样，那就是对我努力的最好犒赏。

　　如果没有，也请不要失望，欢迎写邮件给我 zhaoruoyan620@qq.com，与我交流，我们可以结伴而行，一起找寻答案。

致 谢

感谢我的父母。没有他们，就没有我。

感谢我的另一半。同样从事文字工作的他，在我为了写作此书抓耳挠腮万分痛苦的时刻，给予了我无尽的帮助和力量，有时候更是恨不得亲自上阵帮我码字或修改。

感谢熊玥伽。作为考拉看看图书出版中心的负责人，是她给了我写作此书的机会，帮我圆了一直以来的写书梦。在我写作的过程中，她也不断给予我宝贵的建议和帮助，在此由衷感谢她。

记者出身的我，虽说一直在写作，但是"一口气"写个十几万字的著作，还是第一次。难免有不足的地方，还希望读者朋友们能够见谅。

在我看来，写作是个苦差事，也是个美差事，希望我能够坚持下去，继续与它相爱相杀。